Gerson Wolf

Zur Geschichte der Juden in Worms und des deutschen Städtewesens

Gerson Wolf

Zur Geschichte der Juden in Worms und des deutschen Städtewesens

ISBN/EAN: 9783743478848

Hergestellt in Europa, USA, Kanada, Australien, Japan

Cover: Foto ©ninafisch / pixelio.de

Manufactured and distributed by brebook publishing software
(www.brebook.com)

Gerson Wolf

Zur Geschichte der Juden in Worms und des deutschen Städtewesens

Zur
Geschichte der Juden
in Worms

und

des deutschen Städtewesens.

———

Nach archivalischen Urkunden
des k. k. Ministeriums des Aeussern in Wien

von

G. Wolf.

Breslau 1862.

Verlag der Schletter'schen Buchhandlung

(H. Skutsch).

Zu den Aufgaben des Geschichtschreibers gehört es, beim Leser Interesse für den Gegenstand, den er behandelt, zu wecken. Es genügt nicht blos, eine genaue und richtige unparteiische Darstellung der Personen und Verhältnisse, hervorgegangen aus genauem Quellenstudium, verbunden mit kritischem Blicke; der Geschichtschreiber soll erwärmen und den Leser in dem vorgezeichneten Kreise festbannen. Nicht unberechtigt ist die ausgesprochene Ansicht, dass die griechische Geschichte deshalb so bedeutend ist, weil die Griechen die vortrefflichsten Geschichtschreiber hatten. — Wer über die ehemaligen Verhältnisse der Juden schreibt, hat zunächst dafür zu sorgen, sich gewissermassen herabzustimmen, gemessen im Ausdrucke zu sein und die Farben soviel als möglich zu mildern, damit sie nicht schreiend werden und der Leser nicht glaube, die erhitzte Phantasie des Autors erzähle Märchen. Und doch, so unwahrscheinlich manches klingen mag, es ist die volle Wahrheit. Wir sind in der Lage, Beweise beizubringen, und werden uns befleissigen, uns nicht von den Ereignissen mit fortreissen zu lassen.

Indem wir hier Beiträge zur Geschichte einer der hervorragendsten Städte Deutschlands geben, war es uns darum zu thun, historische Thatsachen, insoweit uns diese zugänglich geworden sind, und anderweitig nicht bekannt und erörtert wurden, hier zu geben. Es ist uns daher nicht darum zu thun, eine pragmatische Geschichte

1

von Worms zu schreiben, sondern Lücken auszufüllen. So manches ist nicht blos für Worms von Bedeutung, denn die meisten Zustände waren im ganzen heiligen römischen Reiche vorhanden. Diese Monographie wird daher auch nach hier und dort ausgreifen.

Wir müssen uns zuvörderst über den Rechtsstandpunkt näher aussprechen, weil er, wie wir glauben, mannigfach verkannt und gemissdeutet wird. Man darf in keiner Beziehung die Rechtszustände von heute mit den Rechtszuständen in alter Zeit vergleichen. Damals wurden Rechte, Privilegien ertheilt. Die Anerkennung des Rechtes als solches war nicht oder nur selten vorhanden; das Rechtsbewusstsein war kein lebendiges. Wir wollen nicht jener Zeit das Gefühl der Rechtlichkeit abstreiten; aber es war eben blos Gefühlssache, als Pflicht und Gebot, dem unter allen Verhältnissen nachgestrebt werden muss, lebte es nicht. Die Gesetze waren nicht der Ausfluss der Rechtsansichten. die sich geltend gemacht hatten. Der Kaiser ertheilte Rechte, Privilegien, wie wir sie bereits bezeichneten, und diese waren ein Ausfluss der persönlichen Gnade des betreffenden Monarchen und hatten weiter keine verbindende und verpflichtende Kraft. Mit dem Ableben des Monarchen hörte das Privilegium auf, wie dieses ausdrücklich in manchen Urkunden vorkommt und anderwürts stillschweigend vorausgesetzt wird. Die Privilegien jener Zeit hatten daher nicht die Tragweite der Privilegien der neuen Zeit, welche zwar ebenfalls an eine gewisse Person oder Körperschaft geknüpft sind, die aber nicht durch einen Regentenwechsel alterirt werden.

Die Folge dieser Verhältnisse war, dass je nach dem Ableben des Monarchen, welcher die Rechte und Privilegien ertheilt hatte, bei dem neuen Monarchen um die Confirmation und Bestätigung der früher erhaltenen Rechte gebeten werden musste. Nicht blos die Juden hatten um die Confirmationem privilegiorum zu bitten, sondern alle, die sich Rechte und Privilegien zu erfreuen hatten, Universitäten etc. — Während jedoch für andere Körperschaften die Bestätigung leicht von dem neuen Regenten wieder zu erlangen war, ausser wo ausserordentliche Verhältnisse eintraten, war die Bestätigung der jüdischen Privilegien stets mit Schwierigkeiten verbunden. Der Hass der Bürger gegen die Juden, welcher in dem Glauben begründet war, ihr Erwerb und ihr Einkommen werde durch die Juden geschmälert, und die ewigen Finanzcalamitäten, verbunden mit der Ansicht, dass die Juden die Hühner sind, welche „goldene Eier" legen, bewirkten, dass die Bestätigung dieser Privilegien als wichtige Staatsangelegenheit betrachtet wurde. Dass religiöser Hass und Fanatismus das ihrige dazu beitrugen, um einen Funken zur lodernden Flamme anzufachen oder mit gewaltiger Faust die Brandfackel zu schwingen, braucht weiter nicht erörtert zu werden.

Die Richtigkeit dieser Anschauung vorausgesetzt — und wir werden Gelegenheit haben, dieselbe zu begründen — so ergibt sich leicht, welchen Werth diejenigen Privilegien haben, welche jetzt noch da und dort gegen die Juden geltend gemacht werden, die längst schon ihre Rechtskraft verloren haben, da sie nicht auf's Neue bestätigt wurden.

Wie wenig übrigens das Rechtsbewusstsein vorhanden und dass die Gesetzgebung zumeist Ausfluss persönlicher Anschauung war, welche oft vom Standpunkte der Nützlichkeit das Urtheil fällte, geht aus Folgendem hervor. Wir haben unlängst ein Document veröffentlicht („Wanderer" in Wien und „Allg. Ztg. d. J.", März 1860), des Inhalts: Der Herzog Wilhelm von Oesterreich bestätigt am St. Simon- und Judenstag 1396 den Juden zu Steiermark und Kärnten ihre früheren Rechte, und bezeugt ihnen darin: „Nu haben wir gnediklich angesehen die nuczlichen Dienst vnd Hilff, die dieselbe vnser Juden in Steyer vnd Kernden unser egenanten Herren vnd auch vns vnczher offt gethan habent." Ein Jahrhundert später jedoch boten „die Prälaten vom Adel und die gemeine Bürgerschaft" von Steiermark für die Austreibung der Juden 38,000 Pfund Pfennig, die Stände petitionirten ebenfalls darum — und Kaiser Max, der letzte Ritter, der in Lied und Sage gefeierte Monarch, welcher sich der be-

drängten Juden in Worms annimmt und den Bürgern befiehlt, die Rechte der Juden zu achten[1]), gestattet Sonntag Oculi 1496, die Juden aus Steiermark auszutreiben,
weil sie „dem hochwürdigen Sacrament merklich Unehre
erzeugen und junge christliche Kinder jämerlich gemartet,
getödtet, vertilgt, ihr Blut von ihn genomen Vnd zu ihrem
verstockten verdamblichen Wesen gebraucht." In solcher
Weise wurde der Mund des Kaisers als Sprachrohr miss-
braucht, um den Aberglauben zu sanctioniren. ·

Wir haben bei einer anderen Gelegenheit darauf hin-
gewiesen, dass die Juden gewöhnlich zweien Herren dien-
en, dem Kaiser und der betreffenden Stadt. In Worms
kam ein drittes Element hinzu: der Bischof. Bei der
Stellung, die Worms und der Bischof daselbst im deutschen Reiche einnahmen, ist dieses erklärlich. Die erste
der von uns gebrachten Urkunden, die die Verhältnisse der
Juden in Worms regelt, ist der Vertrag zwischen den Juden und dem Bischofe Emerich vom Jahre 1312. Dieses
ist die erste Magna Charta der Juden (Beilage I.).

Darin wird festgesetzt, dass der Judenrath aus zwölf
Personen, wie bis dahin, bestehen soll (ב"י פרנסים)[2]),
welche nach jüdischem Rechte richten sollen. Aus diesen
zwölf wählt der Bischof von Worms den Vorsitzenden,
welcher den Titel „Judenbischof"[3]) führt. Diese Aemter
sind für Lebensdauer. Wenn einer der Räthe stirbt, so
wählen die anderen Räthe einen neuen Rath. Dieses
Recht steht auch dem Bischof zu. Den Judenbischof er-
nennt jedoch stets der Bischof. Sämmtliche Rathsmänner
haben in die Hand des Bischofs einen Eid abzulegen.
Ausgeschlossen von der Würde eines Rathes sind ein
Kuheim, ein Walch und ein Drisam[4]), und überhaupt soll

---

[1]) Auch der Juden in Mainz nahm sich dieser Kaiser an. Siehe
Schaab, Diplomatische Geschichte der Juden in Mainz.

[2]) S. Lewyson, Nafschot Zadikim, nach welchem schon zu den
Zeiten der Kreuzzüge 12 Vorsteher in Worms waren.

[3]) Episcopus Judaeorum. In Mainz gab es auch einen Judenpapst,
Pontifex Judaeorum. S. Joh. Thad. Müller, De episcopo Judaeorum
Wormatiensium, und Schaab a. a. O.

[4]) Trotz wiederholentlicher Nachforschung ist es mir nicht gelungen,

der Gewählte einen „unbesprochenen" und unbescholtenen
Charakter haben[1]. Diese Rathsmänner zahlen nach geschehener Wahl dem Bischof 60 Pfund Heller.

Indem wir in der Beilage das Document, welches sich
als Copie vom Jahre 1591 vorfindet, bringen, wollen wir
hier bemerken, dass wohl selten eine jüdische Gemeinde
ihre Autonomie in solcher Weise geopfert hat, wie diese.
Der Vorstand der Gemeinde war gänzlich unabhängig
von derselben, und hatte nicht einmal die Controle der
öffentlichen Meinung zu fürchten[2]. Das Document
schweigt über die sonstigen Rechte der Juden, und ist zu
bemerken, dass diese überhaupt erst mit der Zeit sich gestalten und in Paragraphenform erscheinen. Es zeigte sich
darin der erfinderische Geist, der stets neue Paragraphen
beschränkender Natur hinzuzufügen wusste[3].

Den Juden wird darin unter anderem zugestanden,
nach jüdischem Rechte zu richten.

Wir müssen dieses Moment hier näher erläutern. Bekanntlich bestand die jüdische Jurisdiction bis zu Ende
des achtzehnten Jahrhunderts und zwar, wie es sich von
selbst versteht, nur in Angelegenheiten, die blos Juden
betrafen, wovon aber Criminalfälle etc. ausgeschlossen
waren. Dieser Zustand war in der Natur der Sache begründet. Der Staat, der die Juden nur deswegen duldete,
weil sie eine Einnahmsquelle boten, weshalb auch die

die Bedeutung dieser Wörter zu enträthseln. Die Herren Dr. B. Beer
und Dr. A. Jellinek meinen, dass Kuhheim gleichbedeutend mit Kuh-
hirte und Walch mit Walker, Wäscher sei. Dieses würde auch den
talmudischen Anschauungen entsprechen, nach welchen רועי בקר und
כובס (?) nicht als Zeugen auftreten können. Drisam ist aber gänzlich
ungelöst.

[1] Vielleicht steht mit diesem Vertrage die Aufschrift an der Ge-
meindestube im Zusammenhange, welche Lewyson, Nafschot Zadikim
S. 107, III. mittheilt, und wurde jene Stube zur Erinnerung an dieses
Ereigniss errichtet.

[2] Kaiser Joseph II. gab der Gemeinde das Recht, den Vorstand
zu wählen. S. Beilage XXV.

[3] Das Gesetz bezüglich der Juden in der Republik Venedig hatte
ursprünglich 5 Paragraphen, und vor dem Sturze der Republik 1799.
Alle behandeln, was den Juden verboten ist. Ein Paragraph gestattet
den Juden — ihre Todten zu begraben.

Fürsten beim Kaiser petirten, Juden halten zu dürfen[1]),
kümmerte sich zumeist wenig darum, inwiefern das Recht
diesen Paria zu Theil ward. Der Jude selbst aber musste
darin Beruhigung finden zu wissen, dass er nach seinem
Religionsgesetze Recht empfängt und nicht von Willkür
und Laune oder von einem Gesetze, das ihm zumeist un-
bekannt war, abhängt. Es war übrigens seit den ältesten
Zeiten unter den Juden verpönt, bei anderen Gerichten
das Recht zu suchen. Das mosaische Recht, welches in
neuester Zeit seine volle Anerkennung findet, nachdem
der Rechtsstaat zum Durchbruche gekommen ist, musste
in alter Zeit umsomehr von den Hütern und Pflegern dieses Gesetzes anerkannt werden. Es waren also in dieser
Beziehung die Ansichten unter Juden und Christen gleich[2]).
Freilich kamen auch Fälle vor, dass Juden selbst ausserhalb der jüdischen Jurisdiction gestellt sein wollten[3]). Es

---

[1]) Kaiser Karl IV. gestattete den Churfürsten, Juden zu halten.
1548 wurde dieses allen Reichsständen gestattet.

[2]) Vgl. auch Frankel, Der gerichtliche Beweis nach mos.-talm.
Rechte S. 53. 54.

[3]) Wir ergreifen hier die Gelegenheit, um einen Irrthum zu be-
richtigen und einen Angriff zurückzuweisen. Der bekannte Reichs-
historiograph Herr Hurter schrieb eine Monographie „Philipp Lang,
Kammerdiener Rudolfs II." Lang war ein getaufter Jude, und Herr
Hurter hat sich die Mühe genommen grau in grau zu malen, und das
ohnehin abscheuliche Bild noch abschreckender und grinsender hin-
zustellen. S. 90 heisst es: „Im Jahre 1603 fanden sich Juden aus
sämmtlichen Reichskreisen in Frankfurt zusammen, mit dem Vorhaben,
alle christliche Gerichtsbarkeit, da von derselben der Name Gottes
geschmähet werde, sowohl in bürgerlichen als peinlichen Sachen ab-
zulehnen und ein neues Judenrecht im Reich einzurichten, welchem
kein Jude sich entziehen dürfe. Es sollte jeder, der ein christliches
Urtheil nachsucht, und ginge es selbst vom Kaiser aus, straffällig sein."
Als Anmerkung fügt Herr Hurter hinzu: „Dieser höchst merkwürdi-
gen Erscheinung gedenkt Jost in seiner Geschichte der Juden mit
keinem Wort." — Wer dieses liest, muss erstaunt sein über den revolutionären Geist der Rabbiner im 17. Jahrhundert. Und doch sind diese
Zumuthungen, die Hr. Hurter den Rabbinern macht, nichts als Erfindungen.
Hr. Hurter fand eine Denunciation gegen eine Versammlung der Rabbiner in Frankfurt. Dieses genügte Hrn. Hurter, um die Juden anzuklagen,
und eine böswillige Anklage wird als vollendete Thatsache betrachtet.
Wir sind in der Lage, das Document mitzutheilen, und geben es in
der Beilage vollständig (XXIX). Es stellt fest: 1. Jüdische Gerichts-

stand übrigens dieser Vorgang nicht im Widerspruche mit den damals herrschenden Ansichten. Das Wort der Schrift: „Gleiches Recht sollt Ihr haben für den Fremden wie für den Einheimischen," war nicht massgebend, und das Gesetz war so buntscheckig wie die vorgeschriebenen Trachten. Wir erinnern daran, dass auch die Universitäten ihre Jurisdiction hatten, und die jüdischen Gemeinden hiessen ebenfalls Universitäten. In Italien ist noch jetzt für jüdische Gemeinde der Ausdruck „l'università" degli Ebrei gebräuchlich. (Herrn Kink, dem Verfasser der „Geschichte der Universität in Wien," scheint letzteres nicht bekannt gewesen zu sein. Siehe S. 114 das.).

Im Jahre 1348 schenkte Kaiser Karl IV. den Wormsern in Folge ihrer Verdienste, die nicht namentlich angeführt sind, die Juden (S. Beilage II.); in Frankfurt hat

barkeit; 2. die Steuern nach Billigkeit umzulegen; 3. Schlächter müssen approbirt sein; 4. Wein (Nessach) verboten; 5. der Obberrabbiner muss Unterricht ertheilen; 6. mit verbotenen Münzen sollen die Juden nicht handeln, und 7. nicht mit Dieben und von diesen nichts kaufen; 8. Geld soll nicht auf Wucher geliehen werden; 9. wer gegen die bestehende Ordnung sich vergeht, soll ausgeschlossen sein; 10. die Milch darf von Nichtjuden nur nach den rituellen Vorsichtsmassregeln genossen werden; 11. die Juden sollen sich in ihrer Kleidung auszeichnen, aber keinen Luxus treiben; 12. Bücher, welche dem Drucke übergeben werden, sollen zuvor vom Rabbiner begutachtet werden; 13. ein Rabbiner soll nur in dem Orte, wo er angestellt ist, entscheiden*). Der römische Bann ist ohne Bedeutung. — Bei dieser Conferenz waren anwesend: aus Frankfurt Mosche Sohn des R. Juda Oppenem (Oppenheim), Aron S. Nathan und Abraham S. Jacob; aus Worms Eleazar S. Jacob, Aron Josef S. Mosche und Juda S. Raphael. Ferner waren vertreten Friedburg, Fulda, Cöln, Mühlhausen, Mainz, Coblenz etc. In's Deutsche übersetzte diese Beschlüsse R. Josef aus Metz. Dieses waren also die hochverrätherischen Pläne jener revolutionären Rabbiner. Diese Beschlüsse geben Manches zum Nachdenken, jedoch ist hier nicht der Ort, den Gegenstand weiter zu erörtern. Gelegenheitlich sei bemerkt, dass ein Gutachten vom „befreyten Hofbarbier" Herman Thomas Roneburg, Prag, 29. April 1610 aussagt, Lang ist an einem Schlaganfalle gestorben. Es gab also wie befreite Hofjuden, auch befreite Hofbarbiere etc.

*) Diese Uebergriffe kamen öfter vor und wurde von Seite der Einzelnen wie der Gemeinden darüber Klage geführt.

Karl IV. die Juden der Stadt verkauft. Durch diese Schenkungen und Verkäufe hat Karl IV. seinen Nachfolgern viele Unannehmlichkeiten bereitet.

Das Jahr 1349 brachte überall den Juden Unheil. An allen Ecken und Enden wurden sie vertrieben und verjagt, gepeinigt und gequält. Worms blieb nicht zurück und benahm sich nicht liebevoller gegen die Juden, und der Kaiser bestimmte, dass die Güter der Juden, die sich da und dort noch vorfinden, den Bürgern zu Worms gehören sollen. König Wenzel bestätigt Nürnberg am St. Augustinstag 1378 diese Verfügung[1]). (Beilage III.) Unsere Quellen versiegen hier. Die Juden wurden von den nachfolgenden Bischöfen beschützt, und wurde es diesen aufgetragen, das Judengericht und die Juden zu schützen. (S. Schaab u. a. O.)

Erst im Jahre 1557 finden wir auf's Neue eine Vereinbarung zwischen den Bürgern und den Juden in Worms (Beilage IV), welche 4 Jahre Geltung haben soll, von dem St. Georgstag (24. April) 1557 bis zu diesem Tage 1561.

Wir wollen den Inhalt dieses Vertrages hier kurz skizziren, da er in mancher Beziehung von besonderem Interesse ist.

1. Die Juden dürfen Wohnungen miethen und sind verpflichtet, diese in gutem Stand zu halten und die nothwendigen Verbesserungen vorzunehmen. 2. Sie dürfen eine Schule, einen Schulhof, ein Tanzhaus und ein Bad halten; jedoch sollen diese Gebäude nicht „unlustig" und unsauber aussehen. 3. Die zwei von jüd. Privaten erbauten Häuser bleiben Eigenthum derselben und das Gärtlein hinter der „Schule" kann als Spaziergang benutzt werden.

---

[1]) Wer theilweise die Geschichte der Juden kennt, weiss, dass dieses Factum nicht allein stehet. In Frankfurt und Köln, in Wien und in Paris war es nicht anders. Wir wollen auch weiter keine Bemerkung daran knüpfen. Eines wollen wir jedoch nicht verschweigen: Es pflegt da und dort angeführt zu werden, dass diese oder jene Institution durch christliche Mittel in's Leben gerufen wurde; wir fragen: Wie viele Städte haben sich durch jüdisches Geld erhalten? Wie viele Klöster und Kirchen wurden durch das Geld der Juden erbaut?

4. Sie dürfen sich einen Hochmeister, einen Sänger und Schächter halten. 5. Sie dürfen auch anderswo ausser Worms Schutz suchen. 6. Jeder Jude hat einen Eid abzulegen, dass er das Recht nur in der Stadt Worms suchen wird. Der Rabbiner ist verpflichtet, vor der Trauung dem jungen Ehepaare diese Bedingungen mitzutheilen. 7. Sie sollen der Stadt Worms treu bleiben. 8. Sie sollen nicht auf Kirchengeräthe leihen und auch nicht auf Waffen. 9. Sie dürfen keinen fremden Juden ausser mit Einwilligung des Stadtrathes aufnehmen. 10. Sie sollen keinem christlichen Ehemann ohne Mitwissen der Frau und vice versa Geld borgen, und 11. nichts auf liegende Güter leihen. 12. Sie dürfen bei einem Darlehen von 15 fl. und darunter vom Gulden wöchentlich einen Pfennig nehmen. 13. Sie sollen die Judenzeichen (gelben Ring und Hut) tragen und an folgenden Tagen nicht ausgehen: Charwoche, Ostertag, Christtag, Pfingsttag, Chr. Himmelfahrt, St. Joh. Baptistatag, vier Marientage, zwölf Aposteltag. An diesen Tagen sind auch die vordere und hintere Pforte der Gasse zu schliessen. 14. Sie sollen nicht gestohlene Sachen kaufen und überhaupt 15. kein Gewerbe oder Handel treiben, wodurch den Bürgern Schaden erwachsen könnte. 16. Sie sollen nicht auf der Gasse herumstehen und bei der Münze stehen bleiben, oder auf dem Markte spazierengehen. 17. An den Markttagen darf der Jude erst um 12 Uhr Vieh kaufen. 18. Fremde Juden können dann aufgenommen werden, wenn sie jährlich 10 Gulden Steuer bezahlen. 19. Vier Jahre lang dauert dieser Contract.

Wir wollen nun einige Punkte näher erörtern.

Wir fanden hier zum ersten Male ein Document aus dem Mittelalter, welches ausspricht, dass den Juden der Grundbesitz beschränkt oder verboten war. Die Frage von Grund- und Güterbesitz bezüglich der Juden bestand sonst im Mittelalter nicht. Es verstand sich von selbst, dass die Juden da, wo sie wohnen durften, auch Grundbesitz haben konnten. Wo sie in einem Ghetto lebten, da durften sie eben in diesem Ghetto Häuser bauen. Das Verbot des Grundbesitzes datirt erst, soweit uns die Verhältnisse durch Urkunden bekannt sind, vom Anfang des 18. Jahrhunderts. Wir werden Gelegenheit haben nachzuweisen, dass in Oesterreich nie ein Zweifel darüber war. Juden besassen in Wien seit den ältesten Zeiten Häuser, Weingärten etc. Nach der letzten Vertreibung im Jahre 1670 begann die Frage des Grundbesitzes. Die Bürgerschaft zu Worms ist also der Zeit vorangeeilt, denn es wird den Juden daselbst blos der Besitz zweier Häuser ausnahmsweise gestattet; die anderen durften Wohnungen miethen und die Ausbesserungen auf eigene Kosten vornehmen.

Dieser Vertrag gewährleistet den Juden freie Religionsübung, d. h. es war ihnen nicht gestattet, neue Synagogen zu bauen (Kaiser Constantin erliess bekanntlich dieses Verbot), wohl aber durften sie die bestehenden benutzen und darin nach ihrem Gutdünken den Gottesdienst ordnen. Es mischten sich überhaupt die Behörden nicht in diese inneren Angelegenheiten, ausser wo einmal die Willkür eingriff oder wo Denunciationen ein Einschreiten herbeiführten. Andererseits verbot man den Christen den Besuch der jüdischen Bethäuser[1]) und empfahl oder befahl den Juden den Besuch der Kirchen und das Anhören der christlichen Predigten. (Beilage XXIII.)

Da den Juden eine Synagoge gestattet war, so verstand es sich von selbst, dass sie einen Vorbeter „Sänger" anstellen konnten; eben so wie sie einen Rabbiner[2]) und einen Schächter haben durften. Die Wahl des Rabbiners musste jedoch vom Kaiser bestätigt werden. Wir finden ein Gesuch der Juden (26. Juni 1559) um die Con-

---

[1]) Die Republik Venedig gibt ausdrücklich bei diesem Verbote als Grund an, damit die Christen sich nicht durch den schönen Gesang der Juden verleiten lassen. Merkwürdig genug, während sonst „Judenschule" gleichbedeutend mit Unordnung, Lärm und Geschrei war, fürchtete man nichtsdestoweniger, dass die Christen durch die Synagoge zum Abfall von ihrem Glauben verleitet werden könnten.

[2]) Der Rabbiner kommt hier unter dem Titel „Hochmeister" vor. In derselben Weise wie der Name Bischof auf den Vorsitzenden des jüdischen Rathes übertragen wurde, so entlehnte man auch von den christlichen Orden den Namen Hochmeister und übertrug ihn auf den Rabbiner. (S. Beilage XXV, § 9.)

firmation der Privilegien und die Bestätigung des Rabbiners Jacob Jude (gest. 1563)[1]).

Neben der Schule wird auch des Tanzhauses gedacht und geht daraus hervor, dass unsere Altvordern in mancher Beziehung weniger strenge waren, als dieses später der Fall war.

Dieses waren die positiven Bedingungen, die gewissermassen den Juden zugute kamen. Die negativen sind jedoch tief einschneidender Natur. Wir wollen nicht von den Judenzeichen, nicht von dem Verbote des Ausgehens an Sonn- und Feiertagen sprechen. Es war aber den Juden verboten, mit all' dem Handel zu treiben, womit die Wormser Bürger sich beschäftigten; da entsteht die Frage, in welcher Weise die Juden gelebt haben. Es wird als Wunder betrachtet, dass Gott die Israeliten 40 Jahre mit Manna speiste. Gott hat Israel in Europa Jahrhunderte lang wunderbarer Weise erhalten.

Noch eines Momentes müssen wir erwähnen. Wir finden in diesem Vertrage die Zeit festgesetzt, wie lange er gültig ist, und zwar auf 4 Jahre. In Italien war dieser Modus allgemein und die Frist gewöhnlich fünf oder zehn Jahre.

Die vier Jahre liefen ab, und nun wollten die Bürger zu Worms die Juden aus der Stadt weisen. Wie wir jedoch schon früher bemerkten, war es der Bischof Emerich, welcher ursprünglich die Juden aufnahm. Der Nachfolger desselben, der damalige Bischof Dietrich, widersetzte sich, gestützt auf das Recht seines Vorgängers, dem Willen der Bürger. Der Prozess sollte vom Kaiser entschieden werden. Dieser zeigt daher in einem Schreiben vom 1. März 1561 (Beilage V.) dem Rathe von Worms an, dass er eine Commission eingesetzt, bestehend aus Daniel, Erzbischof zu Mainz[2]), Philipp, Landgrafen zu Hes-

---

[1]) Kaiser Joseph II. enthob die Gemeinde von dieser Verpflichtung, und war die Wahl unbeschränkt. (S. Beilage XXV, Anm.).

[2]) Der Erzbischof von Mainz übte gewisse Rechte über die Juden aus, da er Stellvertreter des Kaisers war. Dieser genannte Bischof war den Juden sehr feindlich gesinnt, (S. Schaab, Gesch. d. Juden in Mainz, S. 182 etc. S. auch Jost, Allg. Gesch. II, 319.)

sen, Grafen zu Katzenellenbogen, und dem Meister und Rath
zu Strassburg. Die Bürger mögen sich daher beruhigen
und das Urtheil dieser Commission abwarten. Zugleich
wird den Bürgern die Strafe angedrohet, des Reiches
schwere Ungnade zu erfahren und eine Poen 50 Mark löthigen Golds zu bezahlen, wenn sie sich dem Willen des
Kaisers widersetzen sollten.

Am 20. März desselben Jahres schreibt der Kaiser wieder an die Stadt Worms (Beilage VI.) und fordert sie
auf, ruhig das Urtheil der Commission abzuwarten; für
den Fall, dass dieses nicht geschehen sollte, so würde er
dem Prozesse den gewöhnlichen Lauf lassen und ihn den
Gerichten übergeben (d. h. ihn ad graecas calendas ver-
schieben), zugleich wird die Strafe der Uebertretung auf
500 Mark löthigen Goldes erhöhet.

Am 3. Juli 1561 (Beilage VII.) wurden die klagenden
Parteien aufgefordert, nachdem die Commission wahrscheinlich kein Resultat zu Tage gefördert, am 20. October
d. J. sich an den Hof Sr. Majestät zu begeben, um den
Streit möglicherweise gütlich auszutragen, und wieder
werden die Wormser aufgefordert, nachdem der Bischof
daselbst wegen ihrer Uebergriffe gegen die Juden Klage
führt, die Rechte der Juden nicht zu verletzen.

Es ist jetzt keine Frage, dass der Hass der Bürger
gegen die Juden, welcher sich bis auf die neueste Zeit
fortgepflanzt hat, in dem Kampfe der Interessen wurzelte.
In einer Zeit, wo die Nationalöconomie so sehr noch in
der Kindheit war, dass man sich vor dem Fremden ab-
sperrte und ihm nicht den Eingang und Eintritt in die
Stadt gewähren wollte, da kann es nicht Wunder nehmen,
wenn man glaubte, die Nationalwohlfahrt dadurch zu fördern, dass man Handel und Gewerbe einem Kreise von
Auserwählten überliess, und wenn auch die Consumenten
durch den Mangel an Concurrenz die Waare desto theu-
rer bezahlen mussten. Während daher in früherer Zeit
Bischöfe und Fürsten sich darum bewarben, Juden „halten" zu dürfen, weil das Schutzgeld eine ergiebige Einnahmsquelle bot, haben die Bürger überall der Aufnahme

der Juden Hindernisse in den Weg gelegt. Freilich waren nicht immer — Ausnahmen abgerechnet — die Bürger allein Judenfeinde, weltliche und Kirchenfürsten haben öfters Partei für oder wider die Juden ergriffen, je nachdem sie ihr Interesse hierdurch zu fördern glaubten. Der Lebensweg der Juden war stets nur sehr schmal abgegrenzt. Auf der einen Seite war es der Glaubenshass, welcher unerbittlich war, auf der anderen Seite waren es wieder die niedrigsten Interessen, welche die Herzen und die Geister bewegten. Wo die Juden Einen Feind gegen sich hatten, da entgingen sie gewöhnlich der Gefahr; verbanden sich die Feinde, dann wurden die Juden wie von Mühlsteinen zerbröckelt und aufgerieben.

Am 23. Jänner 1562 (Beilage VIII) wird dem Bischof auf wiederholte Beschwerden angezeigt, dass den Wormsern die gemessensten Befehle zukamen, nichts gegen die Juden zu unternehmen. Die streitenden Parteien scheinen nicht am 20. October, wie es bestimmt war, am kaiserl. Hoflager erschienen zu sein.

Bald nachher starb Ferdinand und Maximilian II. kam an die Regierung. Die Juden petitionirten nach Sitte und Brauch um die Bestätigung der Privilegien. Nachdem sie diese erhalten hatten, beklagten sie sich über das Verfahren der Wormser Bürger gegen sie. Auch der Bischof führte Klage gegen die Bürger.

Am 11. Juli 1570 (Beilage IX) wird dem Rath zu Worms angezeigt, dass die Juden daselbst kaiserl. Privilegien besitzen, die respectirt werden müssen, und dürfen die Juden keinesfalls gekränkt oder beleidigt werden.

Als dieses nichts fruchtete, richtete der Kaiser selbst am 16. August 1570 ein „ernstliches Bedrohungsschreiben" an die Stadt Worms (Beilage X), damit sie von den Neuerungen, nämlich von den Bedrückungen gegen die Juden, ablasse. Zugleich zeigt er an, dass er der Stadt ein Verzeichniss der Beschwerden von Seiten des Bischofs und der Juden gegen sie, und zugleich auch ein Verzeichniss der Rechte und Privilegien, welcher sich die Juden erfreuen, zusenden werde.

Die Wormser machen hierauf Einwendungen und ersuchen den Kaiser, diesen Process beim Kammergerichte austragen zu lassen, wo sie besser zum Ziele ihrer Wünsche zu gelangen hofften. Der Kaiser weist dieses am 14. October 1570 zurück (Beilage XI) und will diesen Ungehorsam ferner nicht ungeahndet lassen. Er befiehlt „zum Ueberfluss," dass die Wormser ferner weder die Rechte der einheimischen noch der fremden Juden in irgend einer Weise verletzen sollen. Aehnlichen Inhalts ist ein Schreiben der Hofkammer an die Stadt Worms (Beilage XII) vom selben Datum.

Hier reisst wieder der Faden der Verhandlungen. Das Archiv des k. k. Ministeriums der auswärtigen Angelegenheiten, dem wir diese Urkunden verdanken, enthält nichts, was in dieser Beziehung unter Rudolph II geschehen ist[1]). Erst unter Matthias, 1612, beginnen auf's Neue die Verhandlungen Möglicherweise trat ein Stillstand ein, und hat die neue Lehre, der Protestantismus, Kaiser und Land mehr beschäftigt als die Juden. Möglich auch wurden die Verhandlungen fortgeführt, und sie hatten unter Rudolph denselben Erfolg, oder waren eben so erfolglos wie unter seinen Vorgängern und Nachfolgern. Es sei uns jedoch gestattet, hier eine Bemerkung zu machen.

Wenn es eines Beweises bedürfte, wie ohnmächtig die Kaiser im heiligen römischen Reiche waren, so würde er durch diese beigebrachten Urkunden vollkommen hergestellt sein. Weiter als zu Drohungen bringen es weder Ferdinand noch Maximilian: Die Stadt und der sie vertretende Rath zu Worms lassen sich von den angedrohten Strafen nicht zurückschrecken und thun das, was ihnen gutdünkt. Es ist auch das Moment nicht zu übersehen, dass neben der weltlichen Macht auch die geistliche Macht für die Juden sich entscheidet. Allerdings verschwindet diese dann vom Schauplatze und lässt den Dingen ihren Lauf. Es gehet daraus hervor, welche Macht die Städte besassen, wenn sie unter den gegebenen Umständen dem

---

[1]) Die Stätigkeit, welche Matthias ertheilt, bezieht sich auf die Stätigkeit, welche Rudolph II. 1604 gegeben hat. (Beilage XXIII.)

Kaiser und dem Bischof Trotz bieten konnten. Wir bekennen aufrichtig, dass uns die Erhaltung dieser Schein-
macht des Kaisers ganz räthselhaft erscheint, und begrei-
fen wir nicht, wie sie sich so lange erhalten konnte.
Ein Staatsmann der neuen Zeit hat den Satz aufge-
stellt: Gott hat dem Menschen die Sprache gegeben um
die Gedanken zu verbergen, und dieser ist das Schlag-
wort der Diplomatie geworden. Wir glauben zwar, dass
die Diplomatie so alt wie das staatliche Leben ist. Die
Bibel selbst lässt Streiflichter auf das diplomatische Leben
fallen, welche sehr belehrend sind. Wir können aber un-
möglich glauben, dass diese kaiserlichen Mandate und
Erlässe blos zur Beruhigung der Juden waren, und es
dürfte dieser Vorgang ohne Beispiel sein, dass regierende
Kaiser, mit Machtvollkommenheit ausgerüstet, so ohnmächtig einer Stadt gegenüber gewesen sind.

Es lässt sich mit unseren heutigen Anschauungen über
einen herrschenden Fürsten, und würde er das kleinste
Ländchen regieren, nicht vereinbaren, es für möglich zu
halten, dass eine Stadt in der Weise ihren Ungehorsam
bekunden dürfte. Belagerungszustand und wie diese Mittel heissen, würden bald eine derartige Stadt belehren,
dass sie zu gehorchen habe; hier jedoch fallen harte, tief-
einschneidende Worte, aber in der Ueberzeugung, dass
sie weiter keine Folge haben, fühlen sich die Wormser
sicher. Kaiserliches Ansehen und kaiserliche Macht waren in Deutschland blos dem Begriffe nach vorhanden,
und darum konnten auch fremde Mächte so leicht Deutschland bedrohen. Es ist noch überdies zu beachten, dass
die Wormser nicht im Rechte waren.

Der Beweis dafür ist: Der Vertrag mit dem Bischof
Emerich ist der erste, der mit den Juden in Worms ge-
schlossen wurde. Es stand diesem also ursprünglich das
Recht bezüglich der Juden zu, denn dieser erhielt die
Juden zu Lehen. Der Stadt Worms wird darin nicht ge-
dacht. Karl IV. schenkte die Juden mit ihrem „Leib und
Gut" den Wormser Bürgern, und dieses ist der Rechts-
titel, nach welchem sie im Jahre 1557, wie erwähnt, den
Vertrag auf 4 Jahre mit den Juden schliessen. Es ent-

wickelt sich ein Streit, und die Bürger berufen sich nirgends auf jene Schenkung, erst später unter Matthias wird ihrer erwähnt. Sie scheint also nicht bekannt gewesen zu sein, oder man erkannte ihr keine Rechtskraft zu, da Karl V. den Juden Privilegien gab, welche auf jene Schenkungsurkunde keine Rücksicht nehmen, und vielmehr mit dem Vertrage des Bischofs Emerich in Verbindung stehen (S. Beilage XVI). Karl IV. hatte auch nicht das Recht, die Wormser Juden wegzuschenken, da sie nicht mehr ihm gehörten. Der Wormser Bischof Emerich aber gab die Juden den Dalberg's als Lehen. Ohne allen Rechtsgrund empörten sich also die Bürger gegen kaiserliche Befehle.

Matthias gelangte 1612 auf den Thron und 1614 bereits finden wir ein kaiserliches Schreiben in dieser Angelegenheit (Beilage XIII). Darin wird angeführt, dass die Rädelsführer, wahrscheinlich aus den Zünften, die in diesem Briefe früher genannt werden, welche den Pöbel aufhetzen und die kaiserlichen Befehle „spöttisch glossirt und verächtlich halten und sich selbst zu Führern und Rathgebern vermessen," bestraft werden sollen.

In Folge der Hinweisung der Bürger auf die Schenkungsurkunde von Karl IV. verlangt (22. Juli 1614) Matthias (Beilage XIV), dass ihm diese vorgelegt werde, da er als römischer Kaiser nothwendig Wissenschaft von derselben haben sollte.

Eigenthümlich genug hat man in den damaligen kaiserlichen Archiven diese Urkunden nicht aufbewahrt, und sie kamen dann erst zur Kenntniss, wenn sich die betreffende Partei auf sie berief. (Siehe auch „Ferdinand II.", Wien, Braumüller S. 3, wo ein ähnlicher Fall von Frankfurt erzählt wird. Oder sollte dieses blos bei Urkunden von Karl IV. der Fall gewesen sein, welcher, um sein Einkommen zu vermehren, die Juden, die man wegen ihres Handels so oft anklagte, als Handelsartikel betrachtete?)

Bevor noch irgend eine Antwort erfolgen konnte, vier Tage nachdem obiger Brief geschrieben war, am 26. Juli, sieht sich der Kaiser genöthigt, neuerdings die Bürger in Worms zu warnen, dass sie von den Angriffen gegen die

Juden nachlassen (Beilage XV). Es ist haarsträubend, in welcher Weise die „ehrenhaften" Bürger zu Worms gegen die Juden verfuhren. Die Weltgeschichte ist nicht arm an Nachrichten über schauderhafte Thaten; die jüdische Geschichte erzählt deren noch mehrere. Wir bekennen aber aufrichtig, es empören uns weit weniger Wuthausbrüche, in Folge deren die Juden in den Rhein und in die Donau gejagt, oder welche ganze Stadtviertel einäscherten und Menschen aus wilder Mordgier abschlachteten — Wuthausbrüche sind eben Geburten momentanen Wahnsinns, die nicht mit gewöhnlichem Massstabe gemessen sein wollen — ; als jene besonnene raffinirte Bosheit, die klüglich die Sache überlegt und mit kaltem Verstande abwägt, wie das Verderben herbeizuführen ist [1]. Die Juden wurden nämlich in ihrem Ghetto den grössten Theil des Tages eingesperrt. Des Morgens wurden die Thore um 8 Uhr geöffnet und Nachmittags um 4 Uhr wurden sie wieder gesperrt. Kein Jude durfte sich ohne Gefahr vor oder ausserhalb der Stadt sehen lassen. Vor 9 Uhr Morgens durfte kein Jude auf dem Markte etwas einkaufen. Das Rindvieh der Juden wurde von der Weide weggetrieben und „sogar auch den Kindern in der Wiegen solle kein Milch zukauffen gestattet werden" [2].

---

[1] Zu jener Zeit zog der Rabbiner zu Worms, Veit Munk, nach Wien. Derselbe hatte bereits früher in Wien gelebt und ging nach Worms, wo er fünf Jahre Rabbiner war. 1614 zog er wieder nach Wien und war daselbst Vorsteher der Juden. Diesem Manne und nach dessen Tode seiner Frau, war es gestattet, eine Synagoge in Wien zu halten. Wir werden an einem anderen Orte Näheres über ihn berichten, dessen Wirksamkeit für die Juden mir nicht bekannt ist. Nach einer freundlichen Mittheilung des Herrn Dr. Zunz wäre Nro. 77 der „Inschriften des alten Friedhofes in Wien", abgesehen von den Correcturen und Druckfehlern, die von Veit Munk.

[2] In der neuesten Zeit hat das Zunftwesen einen harten Stoss erlitten und selbst der Name ist aufgegeben. Zunft ist identisch mit Zopf und Rückschritt geworden. Unter dem Banner der Zünfte wurde nicht blos jede geistige Regung unterdrückt; die Zünfte waren es auch, welche mit starker Faust jede Regung und Bewegung der Juden bis in die neueste Zeit zu verhindern strebten.

Aus der kaiserlichen Inhibition, 2. October 1614 (Beilage XVI) entnehmen wir ferner, dass man die Administrirung der Justiz in Bezug auf Juden nachlässig versah, Criminalprocesse aber ganz „vnförmblich" führte; überdies wurden die Pfänder, welche den Juden nach dem Ausspruche der Obrigkeit zugefallen waren, wieder weg· genommen. In dieser Inhibition wird neuerdings verlangt, dass die Schenkungsurkunde von Karl IV. vorgelegt werde, um sie mit den anderen vorhandenen Urkunden vom Bischof Emerich und von Karl V. zu vergleichen. Am 23. April 1615 setzt Matthias (Beilage XVII) eine Commission ein, bestehend aus Friedrich, Pfalzgraf bey Rhein, und Philipp Christoph, Bischof zu Speyer. Diese sollen die streitenden Parteien vor sich rufen und sich über Alles genau informiren und ein Urtheil fällen, welches sie dem Kaiser unterbreiten, der sich die Genehmigung vorbehält. Während dieser Verhandlungen. und bis zur Entscheidung sollen die Juden „bey Ihren habenden freiheiten und der Ortten hergebrachte häuszliche Wohnung vnbedrangt gelassen, was Ihnen abgenommen, soll restituirt und Victualien und sonstige unentbehrliche Notdurften nicht gesperrt und verhindert werden."

Bevor jedoch diese Commission eingesetzt war und irgend welches Resultat haben konnte, hatten die Wormser, die Zünfte an der Spitze, Lynchjustiz geübt. Am Ostermontag, 10. April, rottete sich der Pöbel zusammen und jagte die Juden sammt Weibern und Kindern ausserhalb der Stadt. Es fehlte dabei auch nicht, wie vorauszusetzen ist, an anderen Gewaltmassregeln. Dieser Excess ist um so weniger überraschend, da die Wormser nur zu sehr überzeugt waren, dass sie kein grosses Wagniss unternehmen. Trotz aller kaiserlichen Briefe, trotz aller Drohungen, trotz aller Ermahnungen geschah den Wormser Bürgern nichts. Warum sollten sie nicht auf dem Wege weiter fortgehen, den sie als recht erkannten? Der Kaiser sagt zwar in dem Briefe an den Bischof von Speyer, den er zum Commissar ernannt hatte und welchem er unter den gegebenen Umständen vor Allem aufträgt, die letzten Excesse zu untersuchen und die Rädels-

führer (wer sie auch seien) zu bestrafen: „Wann wir
vnns dan tragenden kayserl. Amptes halben in allerweg
schuldig erkennen, auch an sich selber genzlich gemaint
seindt Vnnser vnd des hayligen Reiches Camerknecht die
Juden, wider allen gewalt vnnd vorbruerte Vngebuer . . .
zu Bestraffung fürzuwenden" (Beilage XVIII). Die Wormser wussten bereits durch jahrelange Erfahrungen, dass
die Dinge auf dem Papier viel ärger dargestellt werden,
als sie in der Wirklichkeit sind. Nicht umsonst hat die
Göttin der Gerechtigkeit das Schwert in der Hand. Entfällt ihr dieses, so würde ihr auch bald die Wage entwunden werden. Wehe dem Staate, der Gesetze und
Rechte aufstellt, die freventlich verletzt werden, ohne dass
der Frevler eine Strafe zu fürchten hat.

Hervorheben müssen wir jedoch, dass hier zum ersten
Male berichtet wird, der Magistrat habe sich der Juden
bei dieser Austreibung angenommen, und diesem trägt
der Kaiser auf, der eingesetzten Commission die nöthigen
Auskünfte und die gewünschte Assistenz zu geben (Beilage XIX).

Die Commission scheint hierauf ein Gutachten abgegeben zu haben, des Inhalts, dass die Juden höhere Interessen gefordert, als sie zu nehmen berechtigt waren,
ferner verweisen sie auf die Reichsverfassungen, welche
die Juden in manchen Beziehungen beschränken. Der
Kaiser will diese Bemerkungen in Betracht nehmen, jedoch wünscht er, dass vor Allem die Judenschaft „sowohl
in genere als in specie ohne Aufenthalt restituiret werde"
(Beilage XX).

Der Herbst nahte heran und immer noch war es den
Juden nicht gegönnt, in ihre Wohnungen zurückzuziehen.
Noch mehr aber, sie hatten in diesen Wohnungen so
manches für das Leben Nothwendige, da sie ihre meisten
Habseligkeiten daselbst zurückgelassen. Aber die Bürger
von Worms gestatteten den Juden nicht, diese Gegenstände
zu holen, und wieder musste der Kaiser ermahnen, 20.
August 1615 (Beilage XXI), dass die Commission dahin
trachte, damit die Juden vor dem Einbruche der Winterszeit in ihre Wohnungen eingelassen werden.

Endlich wurde es gestattet, dass die Juden wieder zu-
rückkehren. Unter Begleitung kaiserlicher Soldaten zogen
sie am 9. Januar 1616 in Worms ein[1]). Aber in welcher
Weise fanden sie die verlassene Stätte, wie vandalisch war
in des heiligen römischen Reiches Stadt gegen die Juden
gewüthet worden. Die Wohnungen derselben waren andern zum Bewohnen übergeben; Lebensmittel und sonsti-
ges bewegliches Eigenthum, Pfänder etc. hatte man auf
die Zunftstube gelegt, die uralte Synagoge mannigfach
beschädigt, die Thorarollen und andere Bücher, das Geld
aus den Almosenkasten weggenommen, selbst der Gottes-
acker wurde verwüstet. — Judenfeinde betreiben es heute
noch geschäftsmässig, auf Gebete hinzuweisen, worin die
Juden den Fluch des Himmels auf ihre Feinde herabbe-
schwören. Wer würde sich nicht gestimmt fühlen, wenn
man diese kannibalischen Thaten liest, neuerdings derartige Gebete zu verfassen? Die Juden hätten Engel sein
müssen, wenn sie unter solchen Drangsalen, wo ihre Mit-
menschen, alles Menschliche verläugnend, wie Hyänen gegen sie wütheten, zu Lobeshymnen sich hätten gestimmt
fühlen sollen. — Doch unterbrechen wir uns nicht in der
Erzählung.

Der Kaiser befiehlt der Commission, 16. Februar 1616
(Beilage XXII), dafür zu sorgen, dass die Juden zu ihrem
Eigenthum gelangen, und spricht sich auch dahin aus,
nichts gegen die Reparationen und den Wiederaufbau der
Synagoge einwenden zu wollen.

Die Commission schloss ihr Werk, und in Ueberein-
stimmung mit derselben ertheilte der Kaiser die Stätigkeit, indem er sich auf die von Rudolph 1604 ertheilte
Stätigkeit beruft. Indem wir auf die Beilage XXIII verweisen, heben wir hier aus derselben folgende Punkte
hervor: Pfänder, welche einen höheren Werth als 6 Fl.
haben, dürfen nur nach der Ordnung des Stadtrechtes verkauft werden. Die Juden dürfen nicht mit neuen Kleidern, Hemden, Schuhen, Stiefeln, Pantoffeln, Pelz etc.

---

[1]) Auf die Einzelnheiten des Aus- und Einzuges verweisen wir
auf Haisheimer's Chronik.

handeln, blos mit alten Kleidern. Von den Gewerben soll ihnen gestattet sein: Seidenkleider, Gold und Silber, Sammet, Damast, Seide, Atlas, Chamlot, Robin etc. einzukaufen, und zwar in ganzen Stücken, und haben sie den doppelten Pfennig Geld zu entrichten. Sie dürfen jedoch die Waaren nur im Ganzen verkaufen und nicht ellenweise¹). Ebenso dürfen sie mit Bruchsilber und mit alter „goldenen und silbernen Arbeit" handeln. Von Wormser Bürgern dürfen sie bei einem Darlehen von fünf Gulden wöchentlich nicht mehr als zwei Pfennige nehmen, d. h. von 100 fl. zehn Gulden. Sie sollen nicht mehr, wie bisher, eine Kuh auf die Weide schicken, sondern sie sollen Milch von der Bürgerschaft kaufen. Sie dürfen fünf Metzger halten, aber nicht mehr schlachten als nothwendig ist, und das Unschlitt und das Fleisch nicht ausserhalb der Stadt verkaufen. Frucht- und Weinhandel ist ihnen verboten. Ebensowenig dürfen sie mit neuen Fässern handeln. Im Winter, von Michaeli bis zu Ostern, sollen sie nicht vor 7 Uhr Morgens und im Sommer nicht vor 5 Uhr aus ihrer Gasse gehen; des Abends sollen sie im Winter um 5 Uhr und im Sommer um 8 Uhr zu Hause sein. Reisende sind hiervon ausgenommen, oder bei besonderen Nothfällen, oder um für Kinder die Milch zu holen. Bei Uebertretungsfällen darf kein Bürger selbst bestrafen; dieses steht allein der Obrigkeit zu.

Bald nach Ertheilung dieser Stättigkeit starb Matthias. Von da ab hörte der Zwist und Hader, welcher so leicht zu Excessen führte, auf. Wenn wir auch diesem Kaiser nicht nachrühmen können, dass er mit Festigkeit auftrat und seinem kaiserlichen Worte durch die That Nachdruck gab, so lag dieses zum Theil in den damaligen Verhält-

---

¹) Ellenweise und à la minute zu verkaufen, war blos ein Vorrecht der Hofjuden. Wo die Ansichten über Handel, Industrie und Nationalöconomie noch so sehr unklar und unrichtig sind, wie zu jener Zeit, darf man sich über derartige Gesetze nicht wundern. Dieses Vorurtheil ist heute auch noch nicht überwunden, und hält man den Grosshändler oft für nützlicher als den Kleinhändler, und spottet des armen Juden, der mit alten Kleidern handelt, um sich redlich zu ernähren.

nissen, die Matthias ebensowenig wie seine Vorgänger und Nachfolger zu überwinden vermochte. So sehr wir auch heute das Resultat nicht als ein günstiges vom Standpuncte der Gerechtigkeit und Menschlichkeit betrachten können, so müssen wir ihm die Gerechtigkeit widerfahren lassen, dass er nach besten Kräften ein Schirmherr der Juden war und sie, so weit er es vermochte, vor Unbilden schützte.

Nach dem Tode Matthias wollten die Wormser neuerdings den Moment benutzen und die Juden „aus ihren Privilegien treiben." Jacob Fröschels[1] aus Prag wendet sich an den neuen Kaiser Ferdinand II. und bittet um die Bestätigung der Privilegien für die Juden in Worms, „als die Eltiste Synagoge im Reich;" hierauf erfolgt die Antwort von Seite der Reichshofkanzlei in Frankfurt a./M. (Beilage XXIV), dass der Kaiser nach seiner Ankunft in der Residenz, und in dem Hoflager, und wenn das Archiv und die Registraturen der Reichshofcanzlei geöffnet sein werden, die zur Zeit gesperrt sind, die Angelegenheiten untersuchen wird, und sie in „reiffe vnd vleissige erwegung ziehen." Bis dahin aber sollen die Bürger zu Worms die Juden unbeirrt und ungekränkt lassen. Ferdinand II. bestätigte dann die Rechte der Juden, und ist diese Confirmatio gleichlautend der oben angeführten von Matthias[2].

Nach dem Tode Ferdinand's II. brach auf's Neue der Streit aus, und die Wormser Bürger liessen die Zwischenzeit bis zur Confirmation nicht unbenutzt dahingehen; sie steigerten die Steuern der Juden, erhöhten den Miethzins, das Kauf-, Einschreib-, Schloss- und Metzelgeld. In Folge der Klagen der Juden setzte Ferdinand III. wieder eine Commission ein. Der Churfürst von Mainz und die Bür-

---

[1] Es ist uns nichts Näheres über den Mann bekannt, und was ihn dazu berechtigte, für die Wormser beim Kaiser einzuschreiten. Es kommt übrigens sehr häufig vor, dass Juden Vorschläge und Projecte in Angelegenheiten des Staates machten, — darunter fehlt es auch nicht an Vorschlägen, wie die Steuern der Juden zu erhöhen etc.

[2] Einige Urkunden von Ferdinand II. bezüglich Worms sind in meiner Schrift: Ferdinand II. etc. abgedruckt. S. daselbt Beilage VIII. und XIII.

gerschaft von Worms wurden beauftragt, einen Entwurf zur Stätigkeit vorzulegen, und der Kaiser behielt sich vor, diese mit den Privilegien der früheren Kaiser zu vergleichen. Am 28. November 1641 erfolgt die Stätigkeit. (Beilage XXV). Dieses ist die · dritte und letzte Phase derselben. Wir heben aus derselben hervor:

Die Juden müssen das gelbe Zeichen an ihrem Mantel und einen grössern Schild vor ihrem Hause als Z ichen, dass Juden daselbst wohnen, aushängen¹). Dem Steuerwesen widmet diese Stätigkeit besondere Aufmerksamkeit: Die Juden zahlen von jedem 100 Fl. einen halben Gulden Steuer; für Studenten und Fremde zahlen sie jährlich 20 Reichsthaler. Einzugsgeld für jede Familie, die hinzieht, 60 Goldgulden, ein Wittwer oder eine Wittwe, die dahin heirathen, 20 Goldgulden. (Sind Braut und Bräutigam einheimisch, so haben sie vor der Hochzeit 6 Goldgulden zu erlegen.) Für die Synagoge und für das Tanzhaus sind 40 Gulden jährlich zu entrichten, überdies haben sie Erbsteuer zu bezahlen. Es steht ihnen zu, das Recht in ihren Angelegenheiten zu sprechen in der Weise, wie. es ihnen vom Bischof Emerich festgesetzt wurde. Es ist ihnen gestattet, alles auf dem Markte zu kaufen, ausser Fische auf dem Fischmarkte, wohin sie erst nach 8 Uhr kommen dürfen. Mit Wein und Früchten dürfen sie ausserhalb der Stadt handeln. Das Trefalleisch und das Hinterviertel der vierfüssigen Thiere können sie pfund- und centnerweise verkaufen²). Die Pfänder jedoch dürfen sie nur mit Vorwissen und unter Aufsicht der Obrigkeit verkaufen. Bezüglich des Handels ist ihnen gestattet, Rosse

---

¹) Die Tracht der Juden wurde mannigfach bestimmt, und hat die Phantasie auch in dieser Beziehung Manches geleistet. Hier finden wir noch die Bestimmung, dass auch die Häuser, wo die Juden wohnen, besonders kenntlich gemacht werden sollen.

²) Wiederholt wurde auf Concilien das Verbot · ausgesprochen, dass die Juden nicht das Trefalleisch an Christen verkaufen dürfen, nichtdestoweniger wurde es fast nie genau beobachtet. Trotz des weltlichen Armes, welcher der Kirche zu Gebote stand, konnte sie doch nicht immer durchdringen, und musste sich den Forderungen des öffentlichen Verkehrs fügen.

zu tauschen und zu verkaufen, Mieth- und Lehenpferde
zu halten, verpfändete Möbel, die ihnen adjudicirt sind,
zu verkaufen. Sie können mit allen ausländischen Waaren handeln, mit rohen und bereiteten Fellen, mit einhei-
mischem und ausländischem Lederwerk, mit Elendsfellen,
mit Pelz und Futterwerk, mit Seide und Seidenwaaren,
mit silbernen und goldenen Spitzen, mit Schnüren und
Posamentierwaaren, mit silbernen und goldenen Stöcken,
mit Wolle und wollenen Tüchern, mit allen Gattungen
von Leinen und Garn, Damast, Zwirn, Barchent und
Baumwolle, mit Kupfer, Messing, Zinn, Blei, Glockenspeise,
altem Eisen, eisernen Oefen, Weinstein, Honig, Wachs,
gezogenen Lichtern und Unschlitt, mit Bruchsilber, mit goldenen und silbernen Arbeiten, Kleinodien etc. Jedoch
sind sie verhalten, das Gold und Silber auf Verlangen der
Münze zur Prägung zu geben. Ferner mit Victualien:
Salz, Butter, Käse, Schmalz, Heeringe, Bücklinge, Stockfisch, Lachs, Essig, Gewürz, Erbsen, Linsen, Hirse, Reis,
Weissmehl, Kraut, Zwiebeln, Knoblauch, grünes und ge-
dörrtes Obst und andere Gartengewächse. – Dieses dürfen sie jedoch blos in ihren Häusern und nicht in einem
öffentlichen Laden verkaufen. Auch der Handel mit Vieh
ist gestattet, und ist es den „eingesessenen" Juden in
Worms gestattet, wie ehedem eine Kuh auf die Weide zu
schicken, wofür ein Entgeld zu leisten ist.

An Sonn- und christlichen Feiertagen sollen die Juden
ihre Todten im Sommer um 4 Uhr, im Winter um 3 Uhr
Nachmittags beerdigen.

Im Sommer und Winter dürfen die Juden ausserhalb
des Ghetto sein von Morgens, wenn die Glocken läuten,
bis zum Abendläuten.

Diese Stätigkeit ist norm- und massgebend geworden;
sämmtliche nachfolgende deutsche Kaiser bis auf Franz II.
haben sie in derselben Form gegeben. Joseph II. hat die
Erlaubniss hinzugefügt, dass die Juden selbstständig ihren
Rabbiner und ihren Vorstand wählen dürfen. Die Gemeinde erhielt in solcher Weise das wichtigste Recht, das
ihr in vollem Masse zusteht, welches ihr durch den Bischof Emerich entzogen wurde, wieder. Wir setzen vor-

aus, dass die Praxis anders war, als es das Gesetz vorschrieb, und gewiss haben die Gemeindemitglieder nicht ohne Theilnahme der Wahl gefolgt. Wenn wir mit Recht glauben dürfen, dass das jüdische Gesetz zu jener Zeit nicht blos als Literaturgegenstand vorhanden war, sondern practisch Geltung hatte, und lebendig im Volke war, so konnten im Vorhinein auch nur diejenigen gewählt werden, bei denen man voraussetzen konnte, dass sie sich der Zustimmung der Gemeinde erfreuen.

Mit der Zeit haben sich die Ansichten der Wormser Bürgerschaft geändert; sie kamen zur Einsicht, dass dieses Element nicht gänzlich zu verwerfen sei; insbesondere aber erschien es ihnen practisch, die Geldmittel der Juden zu benutzen. Während sie bisher stets darnach gestrebt, die Juden von Worms zu entfernen, bitten sie nun, dass der Kaiser die Juden von Opferpfennig und Kronsteuer befreie, da die Juden ihre Leibeigenen sind, und berufen sich wieder auf die Schenkungsurkunde von Karl IV. Sie unterstützen darin die Juden, denn diese finden es ebenfalls unerschwinglich, dreifache Steuern, dem Kaiser, der Stadt und dem Bischof fürder zahlen zu können (Beilage XXVI).

Endlich im Jahre 1699 haben die Bürger von Worms ihr Werk gekrönt. Sie schliessen mit den Juden neuerdings einen Vertrag, und zwar geschah dieses, nachdem Worms von einer Feuersbrunst heimgesucht wurde und sich die Nothwendigkeit herausstellte, die Stadt wieder aufzubauen. Die Vorsteher der Juden, welche diesen Vertrag mit den Bürgern zu Worms abschlossen, hiessen: David zur Pulverflasche, Lois zum halben Mandel, Isac zum grünen Hut und Aron zur goldenen Gans. Folgende Punkte werden festgestellt (Beilage XXVII):

1. Der Rath giebt seine Ansprüche wegen Einquartierung auf und die Judenschaft verzichtet auf ihre Forderungen an die Stadt.

2. Der Magistrat hebt die Leibeigenschaft der Juden auf. Von nun an dürfen sie in ihren Schriften zeichnen: unterthänigst gehorsambste Juden oder Schutzverwandte oder Hintersassen.

3. Die Juden dürfen Häuser bauen und sind diese zehn Jahre steuerfrei.

4. Die Judensteuern sollen ermässigt werden, wofür aber die Juden versprechen, stets der Stadt Worms treubleiben zu wollen und von Kaiser zu Kaiser sich dieses confirmiren zu lassen. Die Rechte des Bischofs sollen jedoch ungekränkt bleiben.

5. Die Juden versprechen, in mehreren Raten der Stadt Worms 1200 Fl. zu geben, und überdies jährlich zu Pfingsten 60 Fl.[1]

Ausserdem zahlten die Juden zu Worms dem Kaiser jährlich 50 Fl. als Cronsteuer und Opferpfennig[2] (Beilage XXVIII).

Das neunzehnte Jahrhundert stellte neue Grundlagen auf, die wir hier weiter keiner Erörterung unterziehen.

_____

Wir haben vier Jahrhunderte, wenn auch nur in den äussersten Umrissen gezeichnet, unseren Lesern vorgeführt. Die Thränenfluth, die von jammernden Vätern, von herumirrenden Müttern, von verlassenen Waisen vergossen wurde; die Ströme von Blut, die in dieser Stadt geflossen, sie würden hinreichen, alles das zu verlöschen und der Vergessenheit anheimzugeben, was die Privilegien der Juden zu Worms enthalten. Doch „die Weltgeschichte ist das Weltgericht;" sie flucht nicht wie jener Sänger und lässt den Verbrecher vergessen werden; sie lohnt und straft. Die neue Zeit hat Vieles gesühnt und versöhnt, was die alte und vergangene verschuldete. Wir erwarten aber noch ein weiteres Resultat: Die Geschichte kennt kein Beispiel, dass ein Volk, welches nach allen Ecken und Enden zerstreut ist, welches Jahrhunderte lang die furchtbarste Marter und Qual zu erdulden hatte, dessen Märtyrer zahllos sind, seinen Schwerpunct stets in sich getragen, und so oft es auch zu Boden geworfen wurde,

_____

[1] Vielleicht steht mit diesem Vertrage die Inschrift in der Synagoge in Verbindung, welche Lewyson „Nafschot Zadikim" S. 108, IV. mittheilt.

[2] Nummus aureus und aureum coronarium.

sich auf's Neue wieder erhob. Die vertrockneten Kno-
chen erhielten wieder Mark und Saft, sie richteten sich
auf und stimmten Gott dem Herrn ein Loblied an. —
Welche Macht hat Israel erhalten, welche Kraft hat es vor
dem Versinken und vor der Verfallenheit gerettet? —
Diese Macht und Kraft übte die jüdische Lehre und der
jüdische Glaube. Fügen wir noch hinzu: Der von manchen Seiten verschriene und verketzerte Talmud hat dieses Wunder bewirkt; denn eben in der Zeit, die wir skiz-
zirten, wurde das Studium des Talmud eifrigst gepflegt,
und in Worms lebten eine Reihe der vorzüglichsten Ce-
lebritäten auf diesem Gebiete. Dieses sittlich bil-
dende Moment des Talmuds muss zur Anerkennung
kommen.

Es sei uns noch ein Wort gestattet: Unsere Zeit ist
eine andere, das Verhältniss der Monarchen, Bischöfe und
Bürger ist heute den Juden gegenüber, abgesehen von
dem nexus subditelae, ein anderes als früher; der Jude
hat einen erhöheten Grad von Selbstbewusstsein durch
das grössere Mass von Bildung erlangt, und in demselben
Grade als er sich höher achtet und stellt, kommt man
ihm auch in anderer Weise als früher entgegen. Es muss
aber gewürdigt werden, dass sämmtliche deutsche Kaiser,
die wir zu nennen Gelegenheit hatten, ohne Rücksicht auf
ihre Ansichten über Religion und Glauben, sich der Juden annahmen, mit Ausnahme Carl IV. Es war nicht
blos, um der Wahrheit die Ehre zu geben, das Gefühl der
Menschlichkeit, auch das Motiv der Nützlichkeit war
dabei massgebend. Der Grundsatz: Salus reipublicae su-
prema lex esto, machte es zur gebieterischen Nothwendigkeit, die Juden zu schützen; denn sie waren nützlich.
Wenn auch heute die Juden zumeist keine Judensteuer
etc. mehr zahlen, so bestehet dieses Motiv noch. Die
Speculation, das Feld, welches noch jetzt die Juden cultivi-
ren, denen sich in neuester Zeit Bürger und Adel angeschlos-
sen, ist eine Wünschelruthe, welche die tiefvergrabenen
Schätze hebt. Die Bischöfe stehen jetzt fast ausser aller
directer Beziehung zu den Juden. Wenn auch da und
dort der Versuch gemacht wird, längst verschollene Saz-

zungen, die im Leben nie zur Geltung kamen, wieder zur Geltung zu bringen, so strebt doch der grösste Theil, die Lehren der Menschlichkeit zu verkünden. Zwischen Bürger und Jude hat aber entschieden eine Vereinigung und Verbrüderung stattgefunden, die feindlichen Elemente haben ausgetobt oder sind dem Verlöschen nahe, und in Liebe stehen sie sich zur Seite und fördern das Wohl und das Gedeihen des Staates, in dem sie leben.

Beilage I.

Bischof Emerichs Vertrag, wegen des Judenbischoffs und Rathsleute
vnder inen zu setzen, und was dieselben vnder inen nach Jüdischem
Recht richten mögen, de An. 1312.

Wir Dechant vndt Capitul gemeiniglich des Thumbstifftes
in Wormbs, thun kundt offentlich gegen allermeniglich, Als im
verschienen 88. Jahre, der wenigen Zahl ain gemaine Judischheit zu Wormbs bey dem Ehrwürdigen fürsten vndt Herrn Herrn
Grauen Bischofen daselbst, vnsern gnedigsten lieben Herrn in
einer supplication vnterthenig angesucht, In sonderlicher Betrachtung, das Ihr der Judenbischoff, auch Jedweder so in Ihren
Juden Rath gezogen vndt genomen, Ihren etc. vndt so derzeit
Regierenden Bischofen zu Wormbs ein sonderlich Aydt leiblich
vndt zeitlich leisten vndt schweren in Vermög vndt Crafft eines
Vertrages zwischen weilandt Ihren P. T. Vorfahren am Stifft
Bischoff Emerichen vndt der Judischait vffgericht, welcher Vertrag alweg auch, wan ein Judenbischoff vndt Rathmann das Ju-
rament erstatt, darin benantlich angezogen wirdt Vndt damit sie
die Juden wissen möchten, was in Demselben Vertrag begriffen,
gebeten Ihnen gemainer Judischait, den Inhalt solches Vertrages vnter Ihren P. T. Secret mitzutheilen auch darauff erlanget,
das derselbige Ihnen gebetener massen durch Ihr P. T. gnedig
ertheilt worden ist, alles nach Aussweisung desselben Ihrer P. T.
also darüber aussganges verfertigten vndt vnns fürgezeigten be-
sigelten brieffs, Vndt dann ietzmals obberuerter gemainen Judischait vns ebener gestalt gantz bittlich ersucht vndt eingelangt,
Ihnen des obangezogenen Vertrags Inhalts, auch vnter vnseres
Thumb Capituls Insiegel mitzutheilen vndt zuzustellen. Das wir
darauff solch Ihr begehren (in erwegung mehrgedachter Vertrag
mit auch einhelligen Zuthun wissen vndt Verwilligung weilandt
vnserer am Stifft vorfahren seligen Dechant vndt Capituls vfge-
richt vndt durch selbige zugleich mitbesigelt worden) hiermit
Ihnen auch nit verweigern noch abschlagen wollen. Vndt laut-
tet hierauff vielgemelter Vertrag von Wortt zu Wortt wie hernach folgett:

Wir Emerich von Gottes gnaden Bischoff zu Wormbs vndt
Jacob der Dechant vndt das Capitul gemeiniglich desselben
Stiffts zu Wormbs Veriehen vndt thun kundt allen die disen
Brieff ansehen oder hören lesen, das eine Zweyung ist gewesen
zwischen vns vndt vnseres Stiftes wegen von ainer seiten vndt
zwischen dem Rath der Juden vndt der Judischait zu Wormbs
anderer seiten, vmb Bischoff vndt Rathsleute vnter den Juden
zu setzen, das haben wir mit Recht behalten, das wir der Bischoff vndt vnsere Nachkomen Imermehr sollen seyn Bischoff
vndt Rathsleute vnter den Juden, darwider wolten sich die Juden setzen das erbeut sich der Rath von Wormbs vndt die
Sechszehn das wir vndt die Juden Jedweder seitt mit ainer
Rechten willkür einmütiglich gegangen sein, An fünff Erbare
Mann, an Herrn Jacob den Senger vnseres vorgenanten Stiffts,
an Herrn Gerharten den Camerer, an Herrn Johan Camerer von
Wormbs, Ritter, an Heyllman Holdmunden vndt an Heinrichen
zur Ecken, burgern von Wormbs, welchen Beschaidt vndt Satzung sie vns iedweder seiten geben oder mochten, das wir vndt
die vorgenanten Juden den beschaidt vndt die Satzung immer
statt sollten halten.

Nun haben wir Jacob der Senger, Gerhartt vndt Johann die
Camerer, Heylman Holdmundt vndt Heinrich zur Ecke die vor-
genante Durch pitt wollen vnseres vorgenanten des Bischoffs,
des Dechants des Capitulls, des Stifft von Wormbs vndt auch
der Juden von Wormbs vndt dero sachen vnterwunden vndt angenomen vndt seindt darüber gesessen vndt einmütiglich über-
komen, ohngezwingt vndt haben dise Satzung vndt Ordnung gemacht vndt gesprochen, die man Jedweder seitt ewiglich vndt
vnverbrichlich statt halten soll, alles hernach geschrieben ist.

Zum Ersten das der Juden Rathsleutt mit dem Judenbischoff
allwegen zwölff sollen sein vndt nit mehr vndt diese zwölff sollen vnter Ihnen nach Jüdischen Recht richten, als es von Alters
herkommen ist, Vnter den zwölff Juden soll vnser Herr der Bischoff von Wormbs, wer dan ein Bischoff ist, einen benennen
zu einem Judenbischoff der soll sein lebtäg Judenbischoff heissen, doch soll des Judenbischoffs Ambt vnter Ihnen zwölffen
vmbgehen, ie zu dem andren, als Ihr gewonheit bissher gewesen
ist, vmb das, das sie da bass gerichten mögen, Vnnd wan der
Juden Bischoff gestürbt, den vnnser Herr der Bischoff von

Wormbs der dan ist vnter den zwölff Rathsleuten vnter den
Juden benent zu einem Judenbischoff, der soll geben vnseren
Herrn dem Bischoff von Wormbs, der dan Bischoff ist zu
Wormbs, zwanzig Pfund Wormser Pfennig, vndt der Judt den
er vnter den zwölff Rathsleutten vnter den Juden zu einem Juden Bischoff benennt hatt, soll iber sein Lebtag Judenbischoff
heissen vndt sein als vorgeschrieben ist.

Wir fünff Mann haben auch gemacht vndt gesetzt, wann
einer vnter den zwölff Juden, die in den Juden Rath sein, ab-
gehet, so sollen die andern Eilff nach der meisten menige einen
andern vnbesprochenen Juden der nicht ein besprochener Mann
sey der Judischait, vndt nicht ein Kucheim sey, noch ein Drisam, oder ein Walch, benennen zu einem Rathsman, vnsern
Herrn den Bischoff von Wormbs, der dan ist, in dem Vierttel
Jahr nach der Zeitt, so Ihnen abgangen ist vndt den Juden soll
vnser Herr der Bischof von Wormbs, der dan ist, In den Juden
Rath sitzen vndt soll Ihnen bestettigen zu handt so er benent
würdt, vndt der soll schweren zu handt so Ihn vnser Herr der
Bischoff bestettiget, den gewöhnlichen Aydt, den ein Juden
Rathsmann schweren soll vndt darzu soll er auch schweren alle
die Articul, die in diesem Brieff beschrieben seindt, ohnzer-
brüchlichen stett zu halten vndt zu handt von dem Rathsmann
ist der Juden Rath schuldig, vnsern Herrn dem Bischoff von
Wormbs 60 Pfund Heller ohnumgenglich zu geben, zu derselben
Zeitt so er in den Rath gesetzt würdt.

Wir sprechen auch das die Juden Rathsleutt vmb das be-
nemen als vorgeschrieben ist, der meisten menge vnter Ihnen
folgen sollen, vndt anderst vmb kein sach mehr, sie wollen es
dann gern thun.

Wir seind auch vberkomen vndt haben gesetzt, were es das
die Rathleut vnter den Juden versehen ein Vierttel Jahres, so
ain Rath Ambt vnter Ihnen ledig würdt vndt keinen benenten
zu einem Rathsman als vorgeschrieben ist, So mag vnnser Herr
ain Bischoff von Wormbs ainem andern vnbesprochenen Juden
in den Rath setzen der nit sey ein Kueheim oder ein Drysam
oder ein Walch, ohne allerhandt widerrede der Juden vndt der
soll in den Rath sitzen in allem dem Recht, als andere der Juden Rathsleutt sitzen, gleicher weis als ob sie benannt hetten
vndt ist doch der Rath vnter den Juden schuldig vnnserem

Herrn dem Bischoff von Wormbs, von dem, den er in den Juden Rath setzet 60 Pfundt heller zu geben, als vorgeschrieben ist. Vndt were es, das denselben oder die, die vnser Herr der Bischoff also in den Rath setzet ainerley ansprach angingen vmb die Einsetzung, der oder die soll der Juden Rath verantwortten mit des Juden Raths Costen vndt Arbeitt.

Wir sprechen auch vndt seind einmütiglich vberkomen were es das da ein Juden Rathambt oder Juden Bisthumb ledig würde in der Zeit so nicht Bischoff were zu Wormbs, das der Juden Rathleutt nach der meisten menge als vorgeschrieben ist, einen vnbesprochenen Juden zu einem Rathsmann benennen sollen, den Capitull des Stiffts von Wormbs oder denen die das Capitull vnter Ihn gesetzt haben, des Bisthumbs guett einzunehmen vndt zu sammeln vndt soll auch das Capitull nach der meisten menge vnter Ihnen oder Jenen die vber das Bisthumbs gesetzt sein, den Juden der Ihnen benennt würde vndt geantworttet zu ainem Rathsmane in den Rath setzen vndt sollen Ihnen bestettigen gleicher weis als ob ein Bischoff zu Wormbs dan were, Vndt solle der Juden Rathsleutt dem Capitul oder Jene die Vber des Bisthumbs guett gesetzt seindt von dem Rechtsman, der bestettiget wurdt Sechzig Pfundt heller geben, einem künfftigen Herrn Bischoff zu Wormbs zu behalten das Capitul oder Jene die vber des Bisthumbs guett gesetzt sind, sollen den Juden Rath vndt Ihnen der ein Juden Rathsmann würdt, den Juden sicher machen, ehe dan sie das gelt geben, das sie von einem künfftigen Herrn Bischoff zu Wormbs vmb diese sach einer ansprach nimmermehr gehaben, ohne alle geuerde.

Wir die vorgenannten fünff Mann seindt auch einmütiglich vberkomen vndt setzen, were es, das der zwölff Rathsleutt vnter den Juden einer oder mehr von der Stadt führen zu Wormbss vndt andersswo wohnten ein Jahr oder 2 Jahr oder 3 Jahr darumb soll doch Ihr Rathampt nitt ledig sein ob sie in den dreyen Jahren wider zu Wormbs ziehen vndt sesshafft werden. Sein sie aber mehr denn drei Jahr aus, das sie nit sesshafft sein zu Wormbs, so seind die Rathsämbter ledig zu allem dem Recht als ob sie Tott wehren.

Wir sprechen auch auff den dass dise Satzung vndt Ordnung immer stete und vest pleibe vnverbrüchlich das alle Brieff vndt Satzunge die gemacht sindt oder noch möchten werden gemacht, die diese Satzung vndt Ordnung geuerden möchten, das sie sollen Todt sein vndt kein macht haben nun oder hernach.

Wir die vorgenanten fünf Männer sprechen auch vndt seind einmütiglich vberkommen, Auff das, das dise Satzung vndt Ordnung beede von vnsern herrn den Bischoff von Wormbs vndt seinen vndt dem Capitul des vorgenanten Stiffts vndt auch von den Juden ewiglich vndt ganz ohnuerbrüchlichen gehalten werde. Were es das diser Brieff gebrochen würdt von vnsern Herrn dem Bischoff vndt seinen Stifft oder von den Juden an ainigen seiner stucken, das die Burger vndt die Stadt von Wormbs, wider den die das brechen sollen sein vndt die Jenen die den Brieff stett haben, beholffen sollen sein mit Crafften vndt mit machten, mit guten treuen vndt sol das der Stadt vndt den Burgern an keinen Ihren Ayden nichts schaden, vndt soll vnser Herr der Bischoff Emerich sein Insiegel vndt des Stifft Ihres Capittuls Insigel vndt die Stadt der Stätte Insiegel an disem Brieff henken zu vnserem Insigel vndt soll auch der Juden Rath von Wormbs sich verbinden vndt behessenen vndt besigeln mit Ihrer Schrift vnter diesen gegenwertigen Brieff, alle die Articul die vorgeschrieben sein Immer mer stet zu halten.

Wir Emerich der Bischoff von Wormbs henken vnser Insiegel an disen Brieff zu einer vrkundt in einem gezeugniss.

Wir Jacob der Dechant vndt das Capitull gemeiniglich des Stiffts v. Wormbs henken vnseres Capitulls Insiegel an diesen Brieff zu einer ewigen vrkundt aller der Vorwortten. ·

Wir der Rath vndt die Burger gemeiniglich von Wormbs, Durch pitt wollen, vnseres vorgenanten Herrn des Bischoffs vndt des Capitulls vndt der Juden von Wormbs henken vnnser Stadt-Insiegel an diesen Brieff zu einem gezeugniss.

Vndt wir Jacob der Senger, Gerhardt Camerer vndt Johan der Camerer, heilman holdtmundt vndt heinrich zur Ecke die vorgenant war wir diese Satzung vndt Ordnung gemacht haben vndt gesetzt, henken auch vnser Insigel an disen Brieff. Der ist geben an S. Jacobs Tag, da man zahlt von Christi geburtt dreyzehn hundertt Jahr vndt darnach in den 12 J.

(Darnach waren geschrieben vier Linien in hebräisch.)

Dass zur Vrkundt vndt gezeugnus, abgeschrieben Ding vor vnns vndt vnsere Nachkomen am Stifft zu besagen vndt von

Jedweder seits ewiglich vndt vnuerbrüchlich statt zu halten,
haben wir vnnseres Capitulls gross Insigel an disen Brieff ge-
henckt.

Geben vndt geschehen zu Wormbs d. 26. Aprilis Als man
zahllt Taus. fünffhundert Neunzig vndt Ain Jahr.

Beilage II.

Die Juden in Worms können nicht weiter als Lehen
gegeben werden.

Wir Wenzelslaws vonn gottes gnaden Röm. Könnig zu allen
Zeitten mehrer desz Reichs vndt Köunig zu Beheim bekeuen
vndt thuen khundt offentlich mit diessem Brieff allen denn die
In sehen oder hören, lesen, das Vor Vnnss khommen sind die
Burger vonn Wormss Vnnser vndt des Reyches lieben getreuen
vndt badden vnnss mit vleiss, dass wir In Alss ein Römischer
König einen Brief der Inen von den Allerdurchleuchtesten fürsten vndt Herrn Herrn Karlen Röm. Kaiser Vnseren lieben Herrn
vndt Vater Vber etlich Ire freiheit vndt gnad gegeben war, zu
bestetten, Verneuern vndt Confirmiren genedigklich geruhen der
von Wortt zu Wortt lautet Als hernach geschrieben steet:

Wir Karl von Gottes Gnaden Römischer Kaiser, zu Allen
Zeitten mehrer dess Reychs vnd König zu Beheim Embieten
allen vnnsern vndt des Reichs getrewen Vnnsere huld vndt alles
gut. Wann es Königliche gewalt zugehört jegliches Demuti-
ges getrewen dess Reichs nach Stettigkeit Ir trewen vndt
Diensten mit wirdigen ehren vndt gaben von anndern leuthen
Iren nutzen vndt gemacht mit Königlicher miltigker Bedenkhen,
hierumb so han wir nit vergessen der Weysen ludt der Burger
zu Worns Vnndt hann angesehen gantze treue vndt Stettigkeit,
die sie alle Zeit zu dem Reiche one Vnderlass han gehabt vndt
han mildiklich gemerkt Iren dienst den sie hann gethan vndt
furbass nutzlich thun mögen, dem Reiche vff dass **sie desto frid-
licher mugent setzen.** Darumb so haben wir Denselben Burgern
zu Wormbs die Juden vndt Judischhait zu Wormbs mit Iren
leib vndt gut vndt mit allem nutz vndt Rechten gesucht vndt
vngesucht die wir vndt vnsere Vorfaren an dem Reich, Röm.
Kaiser vndt Konnig an denn Juden vndt Judischheit zu Wormbs
bissher gehabt hann oder fürbass haben mögen mit gewicht oder
ohne gewicht vergifft vndt vergeben. Gheben vndt gifften an

disem Brieff vnwiderrufflichen, also dass die Statt vndt die Burger zu Wormbss mögen thun vndt lassen brauchen vndt büssen
alss mit Irem gute nun vndt Allwegen ohne Allem vnsern Zorn
vndt Widerrede, Also doch dass die Juden vndt die Judischeit
zu Wormbss sollen Reichen vndt geben die Lehen vndt die Vor-
satzung die Jetzund vff Ine steet, Alle den, den sie es von Recht
reichen vndt geben soll. **Auch versprechen wir, dass wir fürbass
mer niemand zu leehen sollen vff den Juden vndt vff die Judischheit zu Wormbs vber die lehen die jetzunder auf Innen steet.** Wir
geloben auch dass wir denn ehegenanten Juden vndt Judischheit
fürbass mehr niemanden geben vndt versetzen sollen, wann wir
sie der vorgeschriebenen Burgern vndt der Statt zu Worms vergifft vndt geben han als vorgeschrieben steet, hierumb so soll
niemand vndstehen diessen Brieff zu überfaren, oder widder
diesse gnad vndt gabo freuentlichen zu handeln. Wer dass
thette, der soll wissen, dass ehr In Vnnsere Vngnad vndt Inn
Vnnsern Zorn verfallen war. Vnnd zu Vrkhundt vndt ewigen
festigkeit der vorgeschriebenen Ding so hanndt wir vnnser Kö-
nigliches Innsiegl ann diesen Brieff gehenkt der wardt geben
zu Speier des nechsten freittags vor dem 12. tage In dem Jare
da man zellt nach gottes gepurt Thausendt dreyhundert vnd
49 Jahr In dem anderten Jar Vnnseres Königreiches[1]).

  Dess haben wir Anngesehen manigfaltigen Dienst vndt treue
die vnnsere ehegenanndten Vatter vndt Herrn vnnss vndt den
Reiche die Ehegenannden Burger offt willighich nutzlichen vndt
treulichen erzeigtt haben vndt noch thun sollen vndt mögen Inn
kunfftigen Zeitten vndt haben mit wolbedachtem mute, rechten
wissen Römischer Königlicher Macht vonn sonndern Gnaden
den ehegenannden Vnnsern Burgern vndt In Statt solcher ehegenannten Brieff befestiget, bestetigen, Verneuern vndt Confirmiren, Bestetten, verneuern vndt Confirmiren In dar mit Crafft
diss Brieffs In Aller dem masse alss ehr davon von Wortten zu
Wortten begriffen ist, vndt meynen vndt wollen sie ewigklich
dabey bleyben lassen, vndt sie derzu schutzen, schirmen vndt

---

[1]) Kaiser Maximilian bestätigt, Augsburg 7. July 1500, obigen Brief
von Kaiser Karl.

admand. dni Reg. pp.
Bertoldus Archips Magunta
Archi Cancellario.

3*

dabey behalten vndt gebietten davon allen fürsten geistlichen
vndt weltlichen, Grauen, freien herrn, Dienstleuten, Rittern,
Knechten, Gemeinschafften der Statt vndt allen andern Vnnsern
vndt des Reichs Vndthanen vndt getrewen Ernstlich vndt vestiglich, dass sie alle die ehegenanden Burger vndt Statt zu Wormbs
in solchen ehegenannten etc. totaliter ut intra precendentj[1]).

Beilage III.

Super bonis Judaeorum.

Wir Karl von Gottes Gnaden Römischer König zu allen
Zeitten mehrer dess Reichs vndt König zu Beheim. Bekhennen
vnns offentlichen ann diesen Brieue vndt thun kundt allen den
die Im Immer sehend oder hörendt lesenn, dass wir Vns sollich
Dienst denn die erbaren wysen lude des Raths vndt die Burger
zu Wormbss vnnsere liebe getreuen Vnnss vndt dem Ryche,
diess vndt mannigfaltiglichen gethan haben vndt auch fürbass
zuthun mögent vndt auch umb sollicke grossen kendtlichen schaden die sie in Demselben der weisse gelitten habend. Darumb
wir sie billichen hinwidder lieben vndt ehren sollen, vff solli-
ches geschieht als Inn Ir Statt Zu Wormss geschehen ist an
denn Juden vndt der Judischheit zu Wormss die mit ein ander
verbrant vndt vorgegangen sind beide ann leib vndt an guett
daran dieselbe Statt vndt Burger grosslich geschedigen sind,
on Ir schuldt alss wir dess wol verhort vndt vernommen haben,
Vff dieselben geschieht vndt gerade vndt auch vff alles dass
gut dass Ir denselben Burgern von Wormbss In dem Brannde
vndt nach dem Brannde worden war oder noch werden mochte.
Es sey ligende oder farende verziehen habende vndt vorzyhene
luttenliche (ewentlichen?) ewiglichen vndt einfeltiglichen Ann
diesen gegenwertigen Brieffe Vnd vnnss vndt alle Vnnsere Nachkhommen Alss dass wir oder Jemandt anderer darumb nimmer
Ansprach noch Vorderung ann sie gehaben sollen mit gericht
oder one gericht nun oder hernach ewiglichen Iu dhain Weyse
ohne geuerde. Vnnd darzu wann wir woll wissen dass sie Ihren grossen schaden damit doch nit ergetzt. mögend werden,
So hann wir vonn Vnnseren königlichen gewalt, von vnnss vndt
alle vnnsere Nachkhomen denselben Burgern vndt der Statt vndt

---

[1]) Sine dato.

der Gemeinde gewynklich zu Wormbss Zu Ir Statt nutze geben vndt geben mir Diesen Brieff die Juden heusser, hoff stett, boden vndt Pawe vndt alles das derselben Judischeit In Wormbss gewinklichen oder sonnderlichen Zugehört wie die gutt jemandt sind In der Statt vndt In der Vorstatt zu Wormbss gelegen, Also dass sie denselben Burger vndt die Statt zu Wormbss daran Ihre Statt nutze gewiniklich vndt furwenden sollen vndt mögent. Vnnd mit denselben gutt thunn vndt lassen nach allen Iren Willen ohne alle Irrungen vndt widderrede vnnserer vndt eines Jeglichen one alle geuerde. Darzu wollen wir auch, dass Inen die Brieff, die wir In vormalls gegeben hanndt vber die Juden vndt Judischheit zu Wormbss von Wortt zu Wortt Vnuerbrochenlich vndt vngekranckt Stett vndt Veste verlyben (bleiben) Sonndern Allerley Exceptionen, Rechte oder gewonnheitt. Vnnd zu einem werden verkhundt aller vorgeschriebenen Dinng, so geben wir dennselben Burgern vndt der Statt In Wormbss diesen Brieff besiegelt mit Vnserem kuniglichen Innsigel der geben ist in Speier da mann zallt von Gottes gepurt dreyzehnhundert Jar Vnnd dar nach In den 49. (1349) an den Suntag so man singt Judica In den fast Inn dem Dritten Jar vnnserer Reiche.

Beilage IV.

Extract welcher moass die Juden zu Wormbs zum zweyten gedingt vnd vffgenomen werden. 1557.

Wir Stättmaister, Burgermaister Vnnd Rath des hailigen Reichs Statt Wormbs, Bekennen Vnd thun Kunth allermänniglich, dass wir auf heudt dato die Judischhait Inn vnserer Statt gemeinlich Vier Jar lang nehsts vf einander volgende, die sich vff Sanct Georgen des hailigen Ritters tags, wan man nach Christi vnsers erlösers vnd Seligmachers gepurt schreiben vnd zelen würdt 1557. anfahend, vmb Irer fleissigen bith willen widerumb Inn vnsern schutz vnd schirm vfgenomen, vnd mit Vnderschaidt, wie hernach von Articuln zu Articuln volgt, gedingt haben,

Item Sie sollen die häusser vnd gepäw, so sie bewonen, Vnd gemeinen vnser Statt zusteen vff Iren eygenen Kosten, die Zeit dieses gedings, Inn wesentlichem gutem bau vnd besserung haben vnd halten, Damit aber solchs statlich beschehe, Sollen

sie schuldig vnd pflichtig sein, Alle Jar vff Ostern vusern Jedesmals Burgermeister antzunianen, Derselbig Burgermeister,
auch die zween Baumeister sollen bevelh haben zween werckh-
meister zu Inen Zu nemen, Inn alle solche heuser vnd gepäw
zu geen die Zu beseen, Vnnd was sie dasselbig Jnr zu bawen
von nötten erkennen, Das soll der Besitzer, bey vermeidung vnserer Straff, vnverhinderlich also stellen vnd bawen, Vnnd zu
ergätzlichkeit solicher besichtigung, solle dem Burgermeister
vnd den Zweyen Bawmeistern Jedem ein gülden Vnd den be-
den werckhmeistern Jedem ein halber güldt Zu Verehrung gegeben werden.

Item das Schull, Schullhof, Tantzhaus, Badt vnd dergleichen
gemeine häusser, sollen berürter gestalt auch baulich, wesent-
lich, vnd in guter besserung vonn gemeinen Kosten gemeiner
Judenschafft, vnnd sonsten sauber vnd rehyn, vnd nicht wie
bishero gespürt, Vnnlustig vnd vnnsauber gehalten werden, Auch
bey vnnser straff Vnnd wollen Daruff Ihnen dieselbige, dieses
geding aus, mit sampt dem Juden kirchhof zu geprauchen vergünstigen, wie vngeuerlich herkommen Ist,

Item die Zweye Neu gepaute häuser, so Leo Judt von Maintz
Wittwe, vnd Isaac zur Maisen Innhaben, auch das gärtlein hinder der schull zu einen spacier weg, sampt dem haus, so Itzig
Jud seines lebens bewonnt, Vnnd Itzt Saull zur Sonnen bewonen thuet, wollen wir Ihnen (welches hieuor geraumpt vnd lun
wesenn gestelt.) auch vergünstigen, Die sollen Sie gleicher gestalt auch sauber haltten,

Darzu mögen Sie einen Hochmeister einen Sennger vnnd
ein Stecher haben, Doch dass der hochmeister keinen Juden
vmb ein geltt peene oder geltswerth, one vusers besonders wissen vnd willen, straffe, oder einichem Juden solche straffe ab-
neme, bey peen Zwanzig gulden, die ein Judhochmeister einem
Rath, so offt ers vbertritt, geben, Vnnd dass hierinnen bey
zweyfacher straff Kein geuerde gepraucht werden solle, Es sollen auch dieselbigen hochmeiter, oder sie vnd einander hinfuro
nit sondere ordnung, die vns dem Rath, Als Irer einnher Obrigkeit, allein zu steen (ausserhalb Ires glaubens, vnd erbaren
Wanndels vnnder Inen Inn der gassen.) one vnser wissen vnd
bewilligen anstellen bey vermeidunng Vnser eines Rathsstraffe

Item wir verguustigen Ihnen auch vnd lassens zu dass Ir

Jeder suchen vnd haben mag einen fursprecher, oder schirm
herrn, ausserhalb vnserer Statt vnd gemarcken, Uber sich derselbigen wid vns, vnnd die Vnseren, auch Inn vnserer Statt, nit
zu geprauchen oder zu behelffen, vnd doch mit der beschaidenhait, Dass Sie Niemandts anders Dann vns, für Ire ordentliche
Obrigkeit halten vnnd erkennen, Auch hinfuro vff Niemandts
ausswendigs erfordern, Ausserhalb Vnserer Statt, one vnser
Vorwissen vnnd Verwilligen, zu recht zu steen, Sonder denen,
so sie zu beclag alhir vor Vnseren Rath oder Stattgericht, nach
gelegenhait der sachen, rechts gewärtig sein sollen, Alles bey
gepürender straff, Die wir Vns, nach gelegenhait der personen
vnd Vberfarung, Jeder Zeit vorbehalten haben wollen,

Item es soll auch ein Jeder Jud vnd Jüdin, die Iun vnser
Statt, vermög dieses gedings, wohnen, Vns mit handtgebenden
treuen an eines rechts geschwornen Aidts Stat, globenn was sie
mit Vnsern Burgern vnd Innwonern, die Vns zu versprechen
steen, sampt oder etlichen besondern zu schaffen hetten oder
gewünen, od die vnsere Widerumb zu Inen sampt vnd besonder, darvmb sollen Sie das rechten zu geben vnd zu nemen,
gehorsam sein pflegen vnd gewarten, Vor vns oder Vnsern
Stattgericht, one alle weygerung auszüge, oder einrede, vnd das
niergendt anderssworhin ziehen, durch gnad freihait, oder andere weiss, wo auch etliche Juden, als ledige gesellen, sich
mittlerweill, dies verenden gedinngs Inn den Ehestandt begeben
wurden, denen soll allsbaldt der Raby dieses gedinng, sich darnach wissen zu richten fürtzulesen schuldig sein, welche volgen-
des durch Iren Burgmeister eines Ersamen Raths Verordneten
Amptträgern, dasselbig gleichfalls, wie andere haben zu globenn,
onuertzüglich präsentirt werden sollen bey eines Raths straff,

Item Dass sie auch dem Stätt- Burgermaister, Rath vnnd
Gemaind, auch Vnserer Statt, getrew vnd holdt seinn vor schadenn warnenn, es sey tag oder Nacht, vnnd gemeiner Vnserer
Statt Recht Ordnung vnd policy gelebenn vnd gewartten, Vnsern gepotten vnd Verpotten gehorsam vnd gewärtig, auch Vn-
gelt vnd andere Rentten, wie andere vnsere Burger getreulich
zu entrichten schuldig sein wöllen Wann auch ein Jud oder Judin die Inn solchem Vnser gedinng oder Verspruch sein, ausser
vnser Statt ziehen woltten, Sollen Sie zuvor Ire schatzung, so
lang dies gedinng wehret, entrichten, vnd dartzu solchs vnserm

Stett- oder Burgermeister Zuvon ein Viertheill Jars zu wissen
thun, dasselbig für die gemaind zu verkünden, ob Jemandt Ime
zu thun were, oder mit Jemandt zu schaffen hette, dessen, wie
sich gepüret auszuwartten,

Item die Juden Vnnd Judin sollen nit leihen vff einicherley
Kirchen getzierd Innsonders was zu der Mess gehört, als Kelch,
Monstrantzen, Messbücher, Beth oder Singbücher, Messgewandt
Kohrkappen Alben Altartücher Vmbhäng, Leuchter vnnd Anders
vff die Altär gehörig, auch nit vff blütig Pfandt, wo aber obge-
schriebener Ding eins oder mehr Inen fürkäme, Sollen sie dasselbig alsbaldt vnd vnuerzüglich einem Statt oder Burgermeister
anzaigen, vnnd one derselbigen Vorwissen Keins annemen oder
Kauffen.

Auch sollen sie Keinerlaj Pfandt, Daruff sie Sechs oder
mehr gülden geliehenn hetten, Verkauffen, Sie haben dann solches zuvor vffgepotten vnd verkündet, nach vnserer Statt Recht,
Statuten vnd Ordnung, Vnnd ob Inen einich Pfandt verstünde,
vnd sie die Vfpieten vnd verkünden wolten vnd nicht wissten,
wem die selbigen zustünden, oder wer Inen die versetzt hätte,
vnd Sie das bey Iren treuen behaltenn, So mögen vnnd sollen
Sie dieselbige, für Gericht pringen, Vnd Inn das gerichtsbuch
einschreiben lassen, vnd daruff, nach gerichts recht vnd gebrauch, verkauffen, Alles vnnd Jedes, so offt sollichs von einem
vertretten vnnd befunden wurdt, bey Peen zwantzig gülden,

Zudem so sollen auch die Juden oder Judinn vnsern Burgern, oder denen die vns, zu versprechen steen, nicht leihen vf
harnisch, buchsen Spies hellenparten Schwertt, vnd dergleichen,
so zu der wehr gehörig, Vnnd ob Sie vf Betthgewandt leihen
würden, sollen sie dieselbige Beth oder die Fedder darauss, one
vnsere Bewilligung, nit aus der Statt führen, alles bey Peen
zehen gülden vnnachlässig. Soucrne aber ein Jud oder Jüdin
mit Wesenn Vnnd haushalttung auss Vnser Stat ziehenn woltt,
Als dann mag einer oder eine, ein Betth, Drey oder Viere on-
geuerlich, wol mit Ime hinausnemen vnnd füren,

Alle Juden oder Jüdin, sollen kheinen frembden Juden oder
Judin, so nit Inn Vnnserm Verspruch sindt, one Vnnsern Wis-
sen vnd Willenn weder vndschlaiffen, noch mit wesen erhaltten,
Bey Peen zehenn gülden, Soucrn aber Sie solche Juden oder
Judin gastsweiss hielten, oder beherbergten, Sollen sie vnnserm

Stett- oder Burgermaistern, Oder wenn Sie des Verliehen wurden, Von einen Jeden solchen Frembden Personen soll vnd ein
Jede Nacht vier Pfenning geben Vnd ausziehen,

Es soll auch klein Jud oder Judin Vnnserer Burg oder deren, die Vns zu Versprechen steen, Ehefrawen, one wissen vnd
willen Irer ehemänner, noch hinwider Keinem Mann, one seiner
ehefrawen willkürs weiss, auch Keinem der Vnnder seinen mün-
digen Jaren, so Von Vnss vervormundt Ist, ohne Verwilligung
Irer Vormünder vff bekannthnus, verschreibungen, oder Inn andere wege gar nicht zu leihen, Bey Verlierung des geldts, So
sie berürten Personen hierüber leihen würden, Vnnd dartzu
einer sonderlichen straff vnd Bues nach gelegenhait des Uber-
farers,

Sie sollen auch keinen Vnnsern Burgern oder Burgerinn,
oder die Vns zu versprechen steen fur keinen Ausländischen
oder frembden zu burgern annemen, Inn was sachen das werc,
bej vnser straff gegen Burgern Juden vnd Judin,

Item sie sollen auch keinen Vnser Burger, oder angehörigen, vf liegende güter, one Vnnser, oder Vnsers Stattgerichts
Schultheissen, oder Schöffen vorwissen, nichts leihen, Bey Verlierung Desselbenn aussgeliehenen gelts.

Item alle Juden vnd Judin sollen hinfuro keinem Vnnserm
Burger oder Angehörigen, zu liebnus oder Wucher mehr, dann
wo sie funftzehen Guld oder darunder geliehen, wochentlich
vom Gulden ein Pfening, Vnd wo vber funftzehen gulden ein
Burger heller abnemen, des sie sich auch also sättigen, Vnnd
alles Verners Vmbschlags oder Wuchers vonn Wucher zu nemen, Vnnd aller anderer mittel, so sie darwider geprauchen
möchten oder köndten, enthalten sollen, Alles bej vnser straff,
nach gelegenhait der Ubertrettung. Es sollen auch vnnsere Stätt-
vnd Burgermaister, die Jedesmals sein werden hiemit beuelch
haben, Allen Juden vnd Judin vff Ir ansuchen, nehst Begriffener
massen zu furderlicher vnd Vnuertzuglicher betzalung zu ver-
helffen,

Alle Juden vnd Judin sollen Inn Vnser Statt Ir gewönlich
zeichen tragen, furnemblich wie wir Ihnen darunder nach Jüngst
des hailigen Reichs eröffneten Policejordnung vnd mass geben,

Nemlich ein mantell darvff ein gelben ring einen Zwerchen
ahndt braitt, Vnd ein huett, Vnd zu den Nachgeschriebenen ta-

gen, one ehehafft vrsach vnd erlaubnus Vnsers Stätt- oder Burgermaisters, nit aussgeen, bej Peen eines guldens Inn goltt, Als
nämlich: die Kahrwoch, Ostertag, Christtag, Pfingstag, Vnnsers
herren Auffartstag, Sanct Johanns Baptisten, die Vier vnser
frawen tag, Nemlich Purificationis Annonciationis, Natiuitatis et
Assumptionis, Aller Apostelltag Vnnd alle Sonntag, auch Inn
solchen heyligen festten, Sonn vndt Feiertägen Ire Vorder Vnnd
hinder grosse Pfortten, sampt Iren Läden, zuhalten. Doch soll
Inen das verkauffen der alten Kleyder Inn häusernn, vff solche
täg zu verkauffen vnbenomen sein,

Item es sollen auch alle Juden vnd Judin sich aller gestolen
vnd raublichen haab vnd güter zu kauffen enthalten, Da aber
solcher bey Inen befunden wurde, Dieselbige frembden vnd heymi-
schen, denen sie zuständig, vnd dasselbig darthun vnd bewei-
sen wurde, one alle entgelt uns, zugestellt vnd veruolgt werden.

Es sollen weder Juden noch Judinn hänndl oder gewerb
treiben, mit kauffen, oder verkauffen, welcherlej das were, gar
nichts ausgenommen Dardurch Vnsern Burgern, gewercks, kaufs
oder handwercksleuthen Inn Iren gewerben Kaufmanschafften,
oder handtwerckerey nicht Verhinderung, schadenn, Abbruch
oder Nachtheill raichen oder gelangen möchte, bej vnserer straff
vnd bues Die wir vns zu jeder Zeitt nach gelegenhaidt der
Vberfarer zu schöpffen, vorbehalten haben, Was Inen aber versetzt würde, das mögen Sie wo es Inen verstünde, vnngeändert
verkauffen, Doch kein tuch wüllen oder Leinen, noch Seiden
gewandt mit der Ellen ausszumessen, oder auszuschneiden, Sie
sollen auch keine neue Klaider vonn wüllen Leinen, oder an-
derm gewandt, Auch keine hembter schueh Pantoffeln, oder
anders, das vnsern Handtwerkern oder zünftigen an Iren handt-
werckerej Vnd gewerben schaden prächte, selbst machen oder
machen lassen, Vnd furder feyll haben, vnd verkauffen, Sonnder desselbigen müssig steen. Was sie aber von altem gewandt
mit Iren aignen handen Arbeiten vnd machen, oder machen lassen, Das mögen Sie woll faill haben vnd verkauffen, Sich auch
dabeneben hembder vnd anders Leinwachs den Christen vmb
Lohn zu machen vnd zu verfertigen wol geprauchen, Doch one
abbruch vnnserer Zunfft gewonnheit Alles bej Peen von einem
Jedem vbertretter Zehn gulden,

Item es sollen auch die Juden vnnd Judin kein sonder gestehens vor Irer gassen haben, Den Leuthen, die versetzenn, oder auff Pfandt entlehen wöllen zu zu schreien, Sonnder einen Jeglichen, der ettwas versetzenn oder entlehen wolte nach seinem gefallen, zu welchem er will, frej ontzugeruffenn geen lassen, Auch bej Peen eines guldens. Sie sollen auch vor der Müntz vnd vff dem Marckh keinen sondern Spaciergang haben, oder daselbst vmbsitzen oder steen, Sonder wan lr einer Ihtze daselbst zu thun, oder zu handeln hat, das soll er furderlich aussrichten, Vnd wid haim geen, Sich auch hinfur der vberschlagung der Mäntel vber die Achseln die Zaichen damit zu bedecken, enthalten, alles bej Peen eines Guldens.

Item kein Jud oder Judin soll mit Christen nit spielen, Noch sie vnder Inen selbsten, anderst dan zu zimlichen Zeitten, mit erlaubnus Ires Burgermaisters, ongeuärlich,

Kein Jud oder Judin sollen an den gewönlichen Markttägen vor Mittag, oder am Abendt vor den Marcktägen, Ochssen oder Viech zu kauffen, Inn die Ställ, oder wo das Vieh geherbergt, geen, bej vnnserer Straff, Vnnd dartzu so viell, als das Viech, das er also gekaufft, goltenn hette, aber vff freyen Marckh mag Ir Jeder zu allen Zeitten kauffen nach seiner notturfft.

Vnnd sollen die Juden hinfuro keinen frembden Jud oder Judin Inn diesen Verstandt one vns vorwissen vnnd bewilligen vf oder annemen, wie wir dann gleicher gestalt, dass wir keinen frembden Juden one Iren willen, Inn das geding vffnemen sollen vnnd wöllen, auss bewegenden vrsachen (.Doch vnser Obrigkeit onuergrifflich.) hiemit versprochen, Doch soll kein Jud also vfgenommen werden, er sey dann also vermüglich, dass er zum wenigsten zehen gülden schatzung järlichen raichen vnd bezalen möge, Es were dann, dass ein Jud Mans Person hie Inn vnser Statt ertzogen vnd geporen were, Solchen sollen sie wo der vfgenommen bej dem halben Theill der Schatzung als nemlich fünff gülden, pleiben lassen, alles bej Peen funfzig gülden,

Item solle hinfurther Inn dieses geding kein frembder Jud, so hieher zu einer Jungfraw sich verheyrath, durch gemaine Judischhait vff oder angenomen werden, Er sey dan ein junge ledige Personn, Vnd kein Wittwer, hier Inn alle beschwerliche geferde, bey eines Erbaren Raths straff zu vermeiden,

Vnnd dieweill dann bej Juden vnd Judin bisshero die Vnordnung gespürt, dass Sie Ire Confessaten ausserhalb Vnsers

Statgerichts, dahien solche one mittel eintzuschreiben vnd zu vertzaihnen sich gepürt, einschreiben lassen, Sollen sie solchs hinfuro abstellen, vnnd keine Confessata so willkurs weiss bescheen snderst wo, dan Inn Vnser Stattgericht, vnd dessen bücher erkennen, vnnd einschreiben lassen, bej Peen, so offt das Vberfaren würdt Zehen gulden.

Dieses Gedinng vnnd Vnnsere Ordnung, wie hieuor steet, sollen alle Juden vnd Judin, bej Vnserer straf vnnd buess, nach gestalt einer Jeden vberfarung, vestiglich zu halten verpunden vnd schuldig sein, doch dass der vnschuldig des schuldigen nit entgelte.

Darvf sollen gemainlich vnd sonderlich die obbestimpten Vier Jar lang vnsere Juden vnd Judin, vnnser vnnd vnserer Statt sicherheit, glaidt schirm vnnd trostung haben, Auch vonn Vns geschützt geschirmpt vnd gehandthabt, wie andere vnsere Burger vnd Vnderthanen mit weitterer Anlag nit beschwerdt werden, Es were dann sach, dass wir eine gemaine Steuer, Hülff oder Anlag vff vnser Burger thätten, Derselbigen hülff Anlag, Steuer oder vfsetzung sollen sie hiemit nit entladen, sonder auch zu geben verpunden vnd pflichtig sein, alles getrewlich vnnd Vnnwidersetzlich,

Doch behalten wir Vnss hier Innen Inn alle wege ausstrucklich beuor, wo Inn bestimpten geding Jaren vonn gemainen Ständen des Reichs gemainer Judenschafft Irer Nahrung oder handttierung halb änderung oder mass Im hailigen Reich fürgenommen würden dass wir vns derselbigen auch nit Sonnder hiemit aussgedingt vnnd vorbehalten habenn wöllen.

Zu sicherhait vnnd Vrkundt dieses gedings, haben wir den bemelten Vnnseren gedingten Juden vnnd Judin solches alles vnnder vnnserer Statt Secret Insiegell versiegellt geben vnd ist. Gescheen etc.

Beilage V.

Imperatoris Ferdinandi poenal - Mandat an den Rath zu Wormbs, der Burgerschafft die suspension des kais. Consens wegen Ausschaffung der Juden zu publiciren vndt die Judischeit bis zu Auftrag rechtens ruhig bey inen wohnen zu lassen. de 1. Martij 1561.

Wir Ferdinandt etc. Entbieten der Ersamen vnnsern vndt des Reichs lieben getreuen, Stadtmeister Burgermaister vndt Rath der Stadt Wormbs Vnser gnadt.

Ersame liebe Getreue, Wiewol wir hieuor Vnnsern Euch mitgethailten Consens von wegen Ausschaffung der bej Euch in vnser vndt des Reiches Stadt Wormbs Wohnende Judischait auss stattlichen bewegenden Vrsachen sonderlich aber auff dess Ehrwürdigen Dietrichen Erwöhlten vndt bestetigten Bischoff zu Wormbs vndt anderen angebrachter Beschwerungen, So sie Ihres auff bemelter Judischait habenden Interesse vndt gerechtigkeit halber fürgewendt vndt darumben solchen Consens widrumb zu Cassiren gebeten.

Auch in sonderen Betrachtung, das Vnnser gemüt vndt mainung nie gewest vndt noch nicht ist, gedachten Bischoffen zu Wormbs noch Jemandt anderen in seinen hergebrachten Rechten vndt Gerechtigkeit, Ichts abbrechen oder entziehen zu lassen suspendirt vndt eingestelt, Vnd Euch so wohl als gedachten Bischoffe zu gnaden vndt guten, Die Ehrwürdigen vndt hochgebornen Daniel Erzbischoffe zu Maintz des heil. Röm. Reiches durch Germanien ErtzCanzler etc. Philipp landtgrauen zu Hessen, Grauen zu Catzenelenbogen Vnnsren lieben treuen Ohaimb Chur vndt fürsten, Auch die Ersamen vnser vndt des Reiches liebe getreue Maister vndt Rath der Statt Strassburg zu güttlicher Handlung vndt Vergleichung dieser Irrung zu vnnsren kays. Comissarien verordnet vndt daneben Euch mit erst zu mehrmalen auffgelegte beruerte Einstellung des Consenses gemeiner Euer Burgerschafft zu publiciren vndt zu verkundigen, damit sie solcher suspension ain wissen empfangen vndt gegen der Juden Ichts Thättliches fürzunehmen vndt zu vben vmb so vül desto weniger vrsach haben mögen, Sondern gegen Ihnen sich ruhig vndt friedlich halten. Alles ferner Innhalts vnnserer erfolgten decret aussgangenen Beuelchschreiben vndt Concessionen vnd vnns darauff gnediglich vndt endlich versehen hetten, Ihr sollet denselbigen vnnsern mehrfeltigen Beuelchen vndt Comissionen gehorsamblich nachkommen sein: So werden wir doch iezo von obbstimpten Bischoffen zu Wormbs mit beschwerung bericht, wie wir dan auch auss Eurem an vnns vor 12. Tag negstverlossenen Monats februarij gethanen Schreiben zum theil vermerken, Das Ihr beruerte suspension vndt einstellung vnnseres Consens Euer Burgerschafft nit allein nit publicirt Sondern Euch auch gegen gedachten vnnsern Neuen den Ertzbischoff vndt Churfürsten zu Meyntz Als S. L. Euch zugeschrieben, Das sie sich

vnns zu vnterthenigen gehorsamb der anbefohlenen Comission
beladen wollen hinnwider schrifftlich vernehmen lassen, das Euch
die Erneuerung erster vnnserer Comission auss so allerhandt
vrsachen vndt weil dieselb der vorigen vngenuss bedenklich sey
vndt Euer notturfft erfordern, der sachen mit zeitigen vorgehab-
ten Rath verner nachzutrachten Aus dem allen das dan reifflich
abzunehmen Obwohl die ieztangeregte letzte Comission der vorigen nitt ungleich vndt sich auff dieselbige referirte auch wie
in dem Anhange der Comissarien anders nichts, dann was vnns
vnnserem hohen kaiserl. Ampt nach gebürett beuohlen hette,
das Ihr doch diese Ding Eueres gefallens zu disputiren vndt
das werde, biss sich Georgy Dises ain vndt sechzigsten Jahrs,
welcher Tag die Juden die Stadt Wormbs zu raumen von Euch
bestimpt herbey nahend dardurch auffziehen, vndt also was Ihr
bey vnns importune sub et obreptitu erlanget, Vnrechtmessig
mit der Thatt hindurch zu bringen Euch vnterstehen sollett:
Alles Ihme Bischoffen, seiner Andacht Stifft vndt Lehenleutten
anhabender lang vndt wohlhergebrachter Ober vndt Herrlichkeitt,
auch Recht vndt gerechtigkaiten zu abbruch schmelerung vndt
schaden auch vnns vndt vnsere verordnete Comissarien zu ver-
acht vndt verkleinerung vndt sonst zu ainem ärgerlichen Exempel im heil. Reich vndt vnns darauf S. A. vmb vnnser ferner
kayserlich hülff vndt einsehung demütiglich angeruffen vndt gebeten.

Wann vnns nun obbegriffene gegen so viele vnnsere mit zei-
tigem Rath vndt guter vorbetrachtung aussgangenen Beuelch er-
zaigter vngehorsamb nit vnbillich zu misfallen raicht vndt Vnns
solches lenger zu gestatten nicht gebüren will, So empfehlen
wir Euch abermals von Römischer Kais. Machtt bey Vermeidung vnnser vndt des Reichs schwere Vngnadt vndt straff darzu
ain Poen nemlich fünffzig Mark lötiges Goldes halb vnnser vndt
des Reiches Cammer vndt den andern halben thail genannten
Bischoffen zu Wormbs vnablesslich zu bezahlen, hiermit ernstlich gebietendt vudt wollen, das Ihr vielgemelten vnnser suspension vndt einstellung ohne alles lenger verziehen, Euer Burgerschafft vndt Inwohnern (Inmassen Ihr zuuor mit dem Consens
auch gethan) offentlich publicirt vndt verkündet vndt nit allain
für Euch selbs gegen gemeine Judischait bey Euch nichts ge-
waltthetliches fürnemt noch handelt, Sondern auch solches ge-

dachter Euer Burgerschafft nit zustehett noch verhengett vndt in allweg bey Ihnen die ernstliche Verfügung thuett vndt verschaffelt, das sie sich aller Thättlichen gewalttsamen handlung gegen der Judenschafft genzlich enthalten. Vnd dieselben biss zu Ausstrag des zwischen dem Bischouen zu Wormbs, Der Judenschafft vndt Euch schwebenden stritts ruhig vndt vnangefochten bei Euch wohnen vndt bleiben lassen vndt Euch sampt den Eurigen also vorigen vndt diese vnsere geboten vndt Mandaten allenthalben gemäss erzaiget vndt ferner nit vngehorsamb seyet, noch anders thuett noch Jemandts andern von Eurentwegen zu thun gestattet, Als lieb Euch sey obbernente Poen vndt straff zu vermeiden. Das meinen wir ernstlich.

Geben in vnnserer Stadt Wien den Ersten Tag des Monats Martij Im ain vndt sechzigsten Vnnser Reiche der Römischen im Ein vndt dreissigsten vndt der andern im fünff vndt dreissigsten Jahre.

Beilage VI.

Imp. Ferdinandi benelch an den Rath zu Wormbs, wegen verstattung güttlicher Handlung oder der sachen remission ad ordinariom processum mit widerholung vorigen mandats vndt erhöchter poen auf 500 Mark goldts interim keine thättlichkeit gegen den Juden vorzunemen.

Wien, 20. Martij 1561.

Ferdinandt:

Ersame liebe getreue! Wir seindt durch den Ehrwürdigen Daniel Erzbischofen zu Maintz vnnsern lieben treuen vndt Churfürsten, als zwischen dem Ehrwürdigen Dittrichen Erzbischoffen zu Wormbs vnnsern fürsten vndt lieben Andächtigen an einer gemainn Judischait bej Euch an andern vndt Euch dritten thails, sampt vndt neben vnnseren lieben Ohaimben vndt fürsten Landgrauen Philipp zu Hessen vndt den Rath zu Strassburg verordneten Comissarien bericht worden was S. L. auff vnnser lezten, von wegen annehmung vnnserer Comission an S. L. aussgangenen ersuchungsschreiben mit Euch handlen vndt Ihr S. L. durch etliche auss Eures Rathsmittel abgefertigte Gesandte für endliche Anttwortt geben lassen. Nemblich als Euch auss vielen fürfallenden vndt sonderlich hernach erzehlten Bewegnissen vndt redlichen Vrsachen, In dieser zwischen dem Bischoff auch gemainer Judischhait zu Wormbs vndt Euch schwebenden Irrungen, guetliche handlung anzunehmen nicht allain bedenklich Sondern

auch ganz vndt gar vnthunlich In Betrachtung, das Ihr hieuor
gedachten Bischofe zu Wormbs guetliche handlung angeboten
Dieselbe aber durch S. A. rundt abgeschlagen worden Vnnd Ihr
also nicht verhoffen könen das dieser Weeg der gütlichen handlung zu hinlegung dieses stritts fürderlich oder dienstlich sein
würde. Zudem, das Ihr hieuor dieser Irrungen halber von Comissionen vorzukomen nicht gesucht oder gebeten, Vnd dan
letzlich das vnnserer letzter, gedachten vnnsern lieben Neuen
vndt Ohaimben dem Ertzbischofen zu Maintz vndt Landtgrafen
Philipp zu Hessen gegebenen beuelch vnnserer hieuon aussgangenen Comission etwas vngemess, Indem das derselbe letzten
beuelch mit etwas Zusatz vndt vngewöhnlichen Executionen ver-
fasset, dessen Ihr Euch bey vnnserem lieben Ohaimb vndt Churfürsten Pfalzgraffen Friedrichen als Euern schutz vndt Schirm-
herrn ohne S. L. vorwissen nicht zu mechtigen wissen.

Nun tragen wir gleichwol ob solchen, sonderlich ob den
das Ihr hieuor in vnnsern Comissionen zu güttlicher handlung
selbst bewilliget vndt solche Euere bewilligung vom 19. Junj
jüngst verschienenes Jahrs selbst zugeschriben vndt vmb verfer-
tigung solcher Comissionen doch Cum adiunctione des Raths zu
Strassburg gebeten nit wenig befremdens,

Dieweil wir aber nit gemaint seyn weder Euch noch Jemandts andern vber vndt wider seine gelegenhait zu güttlicher
handlung zu dringen vndt hieuor, ehe dan wie berürte Comission Euch sowohl als Eueren gegenthail zu gnaden vndt guten
aussgehen lassen dahin gnediglich entschlossen gewest, da ain
oder der ander Thail solch vnnser Comission waigern würdt,
Alss dann disen stritt, zu gebürlicher erörtterung an das ordentlichen Rechte zu remittiren vndt zu weisen, So können vndt
wissen wir im fall Ihr ie auff Euer verwaigerung endlich zu bestehen vndt zu verharren vndt ainiger güttlicher handlung nicht
statt zu geben bedacht von vnnseren ersten Entschlus nit abzu-
weichen, Sondern werden vervrsacht werden Euch vndt Euer
gegenthail an das ordentliche Recht zu weisen vndt die sache
daselbst erörtern vndt mitler Zeit vnnsern Consens der Juden
Ausschaffung halber eingestellt zu lassen.

Vnd wollen Euch nit desto weniger, Ihr thutt solcher vnnser Comission statt oder nicht, hiermit abermals bey vermeidung
vnser höchsten Vngnadt vndt straff vndt zusampt der Poen in

vnnserem Jüngsten Mandat begriffen, noch aine Poen benentlich 500 Markh lötiges goldes ernstlich aufferlegt vndt befohlen haben, das Ihr mittler Zeit vndt biss zu endlichem Ausstrage vndt Erörterung dieser sachen mit aussschaffung der Juden, oder sonst in ander Weeg, mit der Thatt gegen den Juden nichts fürnemett noch den Zuthun gestattet, Sondern Euch aller thättlichen gewaltsamen handlungen vndt neuerung genzlich enthaltett, Auch vermög vnnser hieuor zu etlich mahlen an Euch aussgangener Mandat vndt beuelch, die einstellung vnseres Consens der Burgerschafft vndt gemein öffentlich publiciren vndt verkünden lasset, damit sich kainer ainiger vnwissenheitt nit zu entschuldigen habe. An dem allem thutt Ihr vnnsers ganz ernstlich willen vndt mainung. Datum in vnnser Stadt Wien den 20. Martij 1561.

An den Rath zu Wormbs.

Beilage VII.

Kais. Decret der Statt Wormbs gesandt, zugestellt, wegen Verstattung der Güter von irer Mat. Reichshofrathen etc. mit beuelch die den Juden zugefügte Beschwerung abzustellen, vndt keine warnung weitter fürzunemen. [Wien, 3. Julij 1561.]

Von der römischen k. Mt. vnnseres allergenedigsten Herrn wegen aines Erbaren Raths der Statt Wormbs alhier anwesenden Gesantten anzuzaigen.

Nachdem Ihr Mst. vor gutter Zeit vernomen was Span vndt Irrungen sich zwischen dem Herrn Bischoff zu Wormbs, auch Ihr fürstl. G. zugewantten vndt andern, so auff die Juden zu Wormbs einige gerechtigkeit haben möchten an ainem vndt den Rath zu Wormbs andres thails aussschaffung halber den Juden daselbst erhalten vndt Ihr Mst. solche Irrungen darneben geschaffen befindet, das dieselbe, wo sie nicht güttlich hingelegt werden solte, leichtlich zu allerley verbitterung, widerwillen, vnrath vndt weiterung gerathen möchten, Vnd aber Ihre k. M. allen thailen mit gnaden wohlgenaigt vndt solche weiterung gern verhütet sehen wolten, So hatt Ihre k. M. vnangesehn dass sie hieuor entschlossen gewest, solchen Stritt strackes an das ordentliche Recht zu weisen, auss obberuerter vndt ander mehr beweglicher vrsache allen thailen zu gnaden vndt guten für rathsam angesehen Zuuor vndt ehe dan die Sache an dass ordentliche Recht gewiesen werde durch Ihre k. Mt Insonderheit dazu

verordete Rath an Ihrer Mt hoff guetliche Verhör vndt handlung
zwischen obgemelten Partheyen fürzunehmen vndt pflegen zu
lassen. Vndt wolle demnach obgemelten Partheyen den 20.
Tag des Monats Octobris schirstkünfftig an Ihrer Mt hofe, wo Ihre
Mt derselben Zeit sein werdet, selb oder durch Ihre Vohnech-
tige Anwaldt vndt gewaltthaber zu erscheinen vndt des nechst-
folgenden Tags darnach solcher güttlicher Verhör vndt handlung zu gewartten, hiemit angesetzt vndt benant Auch den Rath
zu Wormbs mit genedigem fleisse ersuchet haben, Sie wolten
solche güttliche vnterhandlung (dieweil die allen theilen zu sondern gnaden von Ihrer Mst gemaint wirdt) Ihres tails nit weniger Sondern derselben guettwillig statt thun vndt sich darin
schiedlich gleichmessig vndt endlich dermassen erzaigen vndt
finden lassen, damit diesen stritt in der güte ohne weitleufftige
Rechtfertigung abgeholffen vndt Sie die Parteyen zu ruhe gebracht vndt mehrer freundlicher nachbarlicher Wille zwischen
Ihnen allerseits gepflanzt vndt erhalten werden möchte. Das
raicht Ihnen den Partheyen selbst zum besten vndt Ihrer Mt zu
sonderem genedigen gefallen.

Nachdem auch ferner die Gesandten aines E. Rathes sich
zu ernidern wissen welcher massen sich der Herr Bischoff zu
Wormbs in drey vnterschiedlichen Schreiben etliche viel Newerung so ain Rath gegen den Juden neulicher Zeit fürgenomben
haben solte, bey Ihrer Mst beclaget vndt da Ihre Mst sich
solcher Neuerung über so vielfaltige Ihrer Mst hieuor an ainem
Rath zu Wormbs aussgangen Mandat vndt beuelch bej ainem
Rath nicht versehen, So were hierauff Ihren Mst. ernstlicher
Beuelch, das an E. Rath vnuerhindert des Berichts vndt verant-
worttung, so sie des Raths Gesandten, auff angeregte des Bischoffs Clag gethan, die Sache nochmals der Juden halb, biss
zu Ausstrag der sach in alten standt vndt wesen bleiben lassen
vndt gegen den Juden nichts thattliches auch kainerley Newerung fürnehmen vndt was deren bissher fürgenomen wiedcrumb
abschaffen bey Poen in Ihrer Mst beuor aussgangenen Mandaten begriffen. Daran geschehen Ihrer Mt ernstlicher endlicher
will vndt meinung. Actum Wien d. 3. Julij etc. Im Ain vndt
sechzigsten.

(Dieser Beschaidt ist allso den Herrn Bischoffen zu Wormbs
auch zugeschrieben worden.)

Beilage VIII.

Kais. Decret dem Herrn Bischoff zu Wormbs zugestellt, wegen nochmaligen geklagten den Juden zugefügten Beschwerung vndt neuerungen de 23. Januar 1562.

Die Röm. k. Mt vnnser allergrosser Herr, hatt gnedigst angehörtt vndt vernomen. Was Ihre Mt. der hochwürdig fürst vndt Herr Herr Dietrich Bischoff zu Wormbs etc. wider ainen E. Rath daselbst durch ain Supplication Schrifft vnterthenig verbringen lassen. Nemblich das Ihre Mtt gemelter Rath durch offentliche Mandat ernstlich aufferlegen solle, biss zu Ausstrag des zwischen Ihrer k. M. vndt dem Rath zu Wormbs der daselbs twohnenden Judischait Aussschaffung halber schwebenden stritts, keine Neuerung oder beschwerung gegen den Juden vorzunehmen vndt lest darauff hochermelten Bischofen zu Wormbs gnediglich anzaigen: Nachdem Ihre k. M. hieuor zu mehrmahlen gemelten Rath, baides durch verschlossene beuelch vndt dann auch durch offene Mandat auch letztlich gemelten Raths Gesandten kurtz vor Ihrer Abreise von Ihrer Mst. hoff anstatt des Raths abermahls durch ain Decret aufferlegen lassen gegen Ihnen den Herrn Bischoff auch den Juden keine Neuerung furzunehmen vndt was deren seien genomben wiederumb abzustellen. So lässts Ihr Mt nochmalen bey solchen Ihren Verordnungen genediglich beruhen, In hofnung ermelten Rath werde demselben gehorsamblich nachkomen. Im Fall solches nicht geschehen solte (das sich doch Ihr Mt nicht versehen will) vndt Ihr Mt desshalben ainige Clag fürkompt, Ist Ihr Mt erbietig sich allen genedigen gebür darauff zu halten vndt zu erzaigen.

Actum zu Prag 23. Januarij 1562.

Beilage IX.

Kais. Decret dem Rath zu Wormbs zugestellt, die Juden bis zur erörterung der hauptsach ruhig bleiben zu lassen, Den 11. Julij 1570.

Von der röm. k. M. vnnserem Allergenedigsten Herrn ainen Erbaren Rath der heyligen Reichs Stadt Wormbs hieneben verwahrte beschwerungs Articul der gemainen Judischait daselbs zuzustellen. Mit diesem Ihrer k. M. wegen ernsten beuelch wess geclagter massen bej schwebender Ihren beiderseits Rechtfertigung innouirt vndt attentirt worden, widerumb vnuerlengst abzustellen, vndt sie Clagende Juden bej Ihrer k. M. in Dero Verfahren am h. Reich Romischen Kaisern vndt Königen mitgethailten Priuilegien vndt freyhaiten vndt sonderlich Ihrer k. M. nunmehr zum offtermalen gegebenen Decreten beuelch vndt Verordnungen fürder mehr vndt biss zu rechtlicher Erörterung der hauptsache ruhig pleiben, Sie Dero gebrauch vndt geniessen lassen vndt darwider keineswegs belaidigen oder betrengen.

Darnebens da bemelte von Wormbs der angezogenen Articul halber, aines oder mehr Ihnen gegenbericht zu thun Demselben sie fürderlich zu Ihrer k. M. Reichs hoff Canzley übergebenen Actenn. Speyer 11. Julij im siebenzigsten

Vdt Baptist Weber   A. Erschenberger.

Beilage X.

Imp. **Maximiliani** ernstliches verweis vndt bedrohungsschreiben an die Statt Wormbs wegen vnderlassener parition gegen den Juden daselbst keine newerung furzunemen. Den 16. Aug. 1570.

Maximilian! Dass Irrungen vndt Missverständte sich zwischen den Ehrwürdigen Dietrichen Bischofen zu Wormbs vnnserem fürsten vndt lieben Andechtigen vndt neben S. A. der gemainen Judischait zu Wormbs in ainem so dan Euch selbsten andres theils zur Zeit hero erhalten vudt nochmals Rechtschweblich seyn, des dürfft Ihr kaines erindern.

Ob nun wol bemelte Judischheit offtemals sich bej vnns beclagen, Das vngeachtett solcher litispendenten allerhandt beschwerliche Neuerungen gegen Ihnen fürgenomen, Wie auch darauff hiebeuor mehrmale vndt ietzo noch neulich von hie auss mit zustellung angeregten beschwerungen Euch ernstlich aufferleget vndt befohlen alle dieselben bej anhangenden sachen eingeführte innouationes genzlich abzustellen vndt sie die Judischait bej alten herkomen auch Vnnser vndt Vnnsere Vorfahren am heil. Reich Römische Kaiser vndt Könige gegebene Privilegien vndt freyheiten allerdings vnbetrangen bleiben zu lassen. Dess genzlichen versehens, es würde demselben Eurer thails zu billigkait vndt schuldigkait gehorsamblich nachgesetzt werden.

So befinden wir doch aniezo aussgedachtes Bischofen von Wormbs so auch vielgemelte Judischait abermals furbrachter Clagen so viel, das angeregte vnnser so vielfaltiger beuelch nitt allein gar nit nachgesetzt vndt die Vndernomene Neuerungen nit widerumb abgestellt, Sondern dass auch zu nitt geringer vnnserer Kay. beuelch verklainerung ohne ainige gegebene Anttwortt oder bericht, damit noch in mehr vndt mehr forttgefahren vndt von tag zu tag andere viel beschwerliche Ding gegen Ihnen fürgenomben werden.

Wann vnns dann solches von Euch zu nitt wenig befremdung gelangett, vndt ohne dass an anhangende Rechten nichts innouirt werden sollt.

Derowegen beuehlen wir Euch hiemit abermahl Ernstlich vndt wollen, das Ihr nochmals hieuor ergangenen vnsern kayserlichen Decreten vndt beuelchen ohne einige weitere Ausflucht allerdings gehorsamblich nachkompt Vnd alle solche, seitt angefangener Rechtfertigung eingeführte Beschwerungen vndt Newerungen, deren wir Euch neulicher weil ain specificirte Verzeichnus zukomen lassen genzlich wiederumb abschaffet vndt die Sachen in vorigen standt wiederumb setzet Vnnd in denn Euch ferners nicht widersetzig sondern dermassen gehorsamb erzaigett damit wir zu handhabung der billigkait vndt vnsern kay. Decreten nicht vrsach haben ander ernstlicher einsehen fürzunehmen vndt Ihr erstattet daran vnnsern Endlichen willen vndt mainung. Datum Speyer 16. Augustj 1570.

an die Stadt Wormbs.

Beilage XI.

Imp. Maximiliani beuelchsschreiben ehe die Statt Wormbs, vorigen Mandaten so wol der heimischen als der frembden Juden halber zu pariren vndt Sie bei iren Kais. priuilegien verbleiben zu lassen.

D. 14. Oct. 1570.

Maximilian!

Offtermals haben wir Euch so durch offene vnnsere kay. Poenal Mandaten so auch verschlossene Schreiben vndt sonsten gegebene Decreten ernstlich vndt bej nahmhafften Pönen beuehlen, das Ihr solche Newerungen, so Ihr gegen gemainer Judischait nun etliche Jahre anhero wider Ihre habenden freyheiten vndt Alt herbringen (deren Euch auch ain vnterschiedlich verzaichnus vnlangst vberschickt worden) mit vnfügen vorgenamben, widerumb genzlich abstellen vndt füro bemelte Judischaitt damit weiters nicht beschwere sollett.

Nun ist vnns gleichwoll neulicher weill, ain bericht darüber Zusampt auch Eurer alhie anwesenden Abgesantte Entschuldi-

gung, warumb solcher bericht nicht ehe geschehen vndt vnnsern
kays. beuelchen vndt decreten nit gelebett worden, fürbracht,
Darinen Eures tails allerhandt Einwendungen, besonders aber
die litispendenten an vnnsere kay. Cammergericht angezogen
vndt darauff gebeten werden, Sie die Juden sampt andern diesen sachen verwantten vndt Interessenten Ihres suchens nit zu
heren vndt solche attentaten Clage erörterung der hauptsach an
bemelten vnsern Cammergericht verbleiben zu lassen.

Dieweill wir aber dasselbige alles, so ietzo angeregtermas-
sen durch Euch baides zu entschuldigung des Vorzugs als auch
Eures vngehorsambs fürgewendett vndt durch etliche beygelegte
Schrifften zu bescheinen vnterstanden, nit der erheblichkait finden, das wir von vnser zuuor erthailten Kays. Mandaten vndt
beuelchen abzustehen vrsach Vnd dan die angezogenen litispendenten diese geclagte Newerungen vndt attentaten als so zum
tail vor angefangenen derselben Rechtfertigung zum tail aber
hernacher vndt dass Ihr deren von tag zu tag ie lenger ie mehr
eingeführet vndt vnterstanden principaliter nicht berüren darüber auch in specie an vnnserem Cammergericht nicht geclagett.

Hierauff so können wir solchem Euren Begehren nit statt
geben, noch angeregtem Euren in dieser sachen so beharlichen
vngehorsamb vngeandet haimbgehen zu lassen.

Darumb Euch nochmals vndt zu allem Vberfluss mit Ernst
beuehlendt, dass Ihr nunmehr vndt ohne alles weiter verziehen
vndt Einrede vorigen vnnsern Mandaten vndt geheissen allerdings ein völlig genügen thutt vndt die geclagten Newerungen
vndt vnleidliche bescheinnungen so Ihr ain Zeitlang hero, so
wohl gegen denen bei Euch wohnenden als auch andren dahin
kommenden Juden fürgenommen genzlich wiederumb abschaffet
vndt Sie gemaine Judischait bej gemainen Rechten vnnser vndt
des Reichs Constitutionen vndt Satzungen, auch vnser vndt vnnser Vorfahren erthailten Begnadigungen, priuilegien vndt freyhaiten vnbetrübett vndt vnbelestigett bleiben lassen. Vnd in
dem ferners nit vngehorsamb seyet, Sondern Euch hierauff dermassen gehorsamb vndt gleichmessig erzaigett, das dieser sachen
ob Euch ferner Clag für vnns nit kahme Noch wie vervrsacht
werden, vff die vnnsere gebottsbriefen vnterschiedlich einuer-

leibten schweren straffen gegen Euch verfahren zu lassen. Vnd
wir mainen es ernstlich Darnach Ihr Euch zu richten.

Datum Speyer d. 14. October Ao 1570.

An Rath zu Wormbs.

Beilage XII.

Kais. beuelch ahn die Statt Wormbs den ausgangenen Kais. decreten,
die Judischait betr. zu pariren do 14. Oct. 1570.

Alss by der Röm. Kais. Mat vnserem allergenedigsten Herrn
gemeine Judischheit teutscher Nation besonders aber die Jhenigen, so Ihr Anwesen vndt Wohnung in der heil. Reichs Stadt
Wormbs haben, offtermals Ihrer daselbst begegneten vielfaltigen
Neuerungen vndt beschwerungen Abstellung haben, vnterthenigst
suppliciert vndt angehalten, welche Ihr der Judischait Clagen,
denen von Wormbs vmb Bericht zugestellt worden, den Sie von
Wormbs Ihrer k. M. allervnterthenigst vberraicht, Ihr Mst aber
denselben nit der erheblichkait befunden Das sie darumben von
Ihrer Mst hiebeuor mehrmale erthailten Mandata vndt beuelch
abzustehen vrsach.

So haben darumben Ihr k. M. bemelter von Wormbs, abermals zu allem Vberfluss mit ernst beuohlen vndt aufferleget, das
sie nochmals vorigen Ihrer k. M. abstellung dieser newerungen
vndt beschwerungen halber auffgangenen kais. decreten beuelchen vndt Mandaten ein velliges genügen thun vndt die durch
gemaine Judischait in specie gelegte vndt bej schwebender litispende so wohl gegen denen zu Wormbs als andere dahin kommende Juden fürgenommene beschwerungen, genzlich wiederumb
abschaffen vndt vorbemelte Judischait bej gemeinen Rechten
vndt des heiligen Reiches Constitutionen vndt Satzungen, auch
Ihrer kay. Mt vndt derselben vorfahren erthailten Begnadigungen Priuilegien vndt freyhaitten vnbetrübt vndt vnbelestigett
bleiben lassen. Dess genzlich versehens, Sie die von Wormbs
werden in demselben ferner nit vngehorsamb sein, sondern sich
Ihrer Schuldigkeit nach dermassen erzaigen, das disfals keine
weiteren Clagen, noch Ihr Mat vervrsacht auff die Pön Ihrer
Kay. gebotsbriefe einverleibt, gegen Ihnen zu verfahren. Welches Ihrer k. M. wegen bemelter Judischait, auff Ihr anhalten,

zu vrkundt ergangenes beschaidts vndt dero auffgedruckten Secret, also vermelden vndt mitthailen wollen.

Signatum Speyer den 14. Octob. 1570.

E. Cons. Aulico Impiali

XVI Xbris

G. Vnuerzagett.

Beilage XIII.

Kais. beuelch an die Statt Wormbs, vmb bericht vber der Judischait
daselbst geklagte newerungen vndt bestraffung der aufwickler,
de 11. Martij 1614.

Matthias

Ersame liebe getreue! Ihr verdett auss bey verwarter Abschrifft vernehmen, welchermassen bej vnns die bej Euch ge-
sessene gemaine Judischaitt, vmb ernewerung der vor Jahren
von weilandt vnsern geliebten Anherrn vndt Herrn Vattern Kayser Ferdinand vndt Kayser Maximilian dem andren beeden hoch-
seligster gedechtnus an Euch aussgangener Kay. Mandaten, Decreten vndt Beuelchschreiben, die darzumal vorgehabte Aussschaffung bemelter Judischait auch andren vnterstande Newerung vndt beschwerunge derselben, Item extension so wohl auch
die erstreckung derselben gegen den gesampten Zunfften belangendt, Sodann vmb vnnser Kayserlich helff vndt einsehen gegen
den jetzigen Anstifftern vndt aufwiglern in vnterthenigsten gehorsamb angesucht vndt gebeten.

Sintemal wir dan nicht wissen obgedachte Judischait, an-
ietzt vmb abbevierte Extension vndt Erneuerung anzusuchen genugsamb erhebliche Vrsache haben mögen.

Alss haben wir Euch zuuor darüber vernehmen wollen, Euch
demnach gnedigst befehlendt, das Ihr vnns hierüber Eure Ausführlichen bericht (darauff nach befindung, das so sich gebiert,
desto besser zu verfügen haben) mit ehisten gewiss vndt vnfehl-
barlich nicht allein vberschicket Sondern auch alle vndt jede
Newerungen vndt unleidliche Beschwerungen (da dergleichen
wider mehrgedachte Judischeitt Einkomen) genzlich wiederumb
abschaffet, vndt Sie die Judischait bej gemainen Rechten vnnser
vndt des Reiches Constitutionen vndt Satzungen auch vnnser
vndt vnnser hochgeehrten Vorfahren erthailte begnadigungen,
Priuilegien vndt freyhaiten vnbetrübt vnbekümmert vndt vnbe-
schwertt verbleiben lassett.

Vnnd nach dem auch fürkompt, das vielbesagter Judischait
zu Wormbs von den gemainen Pöfel allerhandt wider wertigkai-
ten, bedrohung vndt andere vngepür zugefüget Ihr vnnsere vndt
vnser Vorfahren Priuilegia vndt so gar die Reichs Abschiedt
von Ihnen ganz Pittlich glossirt vndt verächtlich gehalten werden. Alss befehlen wir Euch gleicher gestaltt alles Ernstes, das
Ihr die Jenigen wenige Anstiffter so den übrigen hauffen auff-
wigeln vndt anhetzen, auch sich selbst zu führen vndt Rathgebern vermessentlich darstellen zu versicherung des hailsamen
geliebten friedens ad notam nembett vndt (da die sach anderss
angezaigter massen also beschaffen) zu gepicre oder wolver-
dienter straff ziehett. Das thun wir von Euch von Recht vndt
billigkait wegen veranlässig gewartten, Vnd Ihr erstattet hieran
vnnser Ernsten auch endlichen willen vndt mainung.
Geben zu Lyntz d. 11. Martij 1614.

Beilage XIV.

Kais. beuelch ahn den Rath zu Wormbs wegen vberschickung Caroli IV.
angegebene donation vndt newen Juden-Ordnung. Linz 22. Julij 1614.

Matthias! Ersame liebe getruwe. Wir haben auss Eurem
Schreiben, vnterm dato den dreyzehenten negstverwichenen Monats Maij verstanden, das Ihr nach Einleiter. vndt verlesung
vnnseres an Euch de dato den ailfften Martij Jüngsthin abgangenen kayserl. Befelchs Euer anbefohlene Burgerschafft auff den
Zunfften, zu enthaltung aller thättlichkeit vndt beschwerungen
gegen der by Euch gesessenen gemaine Judischait nicht allain
nicht Ernst vermahnet, Sondern auch gegen etlichen aus dem
gemainen Dienst vndt Handwerksvolck gethane Verbrechen ge-
bürendes Einsehen fürgewendet, vndt nicht wenigen zu verhütung besorgender ferneren weiterung vndt vngemachs, damit man
sowohl auff seiten bemelter Burgerschafft als gemainer Judischhait künfftig bey gleichmessigen Rechten pleiben vndt erhalten
werden möge, mit Verfassung einer des h. Reiches Constituon
gemessene Ordnung albereitt im werke seyett.

Demnach Ihr Euch dann im vorangeregtem Schreiben vndt
bericht, vff aine donation beruffet, vermöge deren weilandt vnser geliebter Herr Anherr vndt Vetter Kaiser Carl der viertte
Christmildist zu gedenken, der Stadt vndt den Burgern zu
Wormbs, die Juden vndt Judischait daselbsten mit leib vndt

guett auch allen nützungen vndt Rechten, noch im Jahr 1348 le-
diglich geschenkt vndt übergeben haben solle, von welcher donation wir als ietztregierender Römischer Kaiser aigentlich nothwendige Wissenschafft haben wollen.

Hierumben ermahnen vndt beuehlen wir Euch hiermit gnediglich, dass Ihr vnns sowohl ietzt angeregte donation als auch
berürcte Neue im Wercke stehende vndt hinzwischen nun mehr
ohne Zweifel vollendete Ordnung in beglaubter formb innerhalb
4 wochen nach insinuirung diess anzurechnen, gewiss vndt vn-
fehlbarlich vberschicket vnns vndt ainem vndt andern den notturfft nach auf befindung aigentlich zu resoluiren haben, dess
thun wir vnns vnzweiflich zu Euch versehen. Ihr erstattet auch
daran vnsern gnedigsten Endlichen willen vndt meinung.

Geben zu Lyntz 22. Julij 1614.

Beilage XV.

Kais. beuelch an die Statt Wormbs wegen abstellung aller attentaten
wider die Judischeit daselbst. Linz 26. Julij 1614.

Matthias. Ersame liebe getruwe. Vber dasjenige was wir
Euch, den in Vnnser vndt des heil. Reichs Statt Wormbs won-
haffte gemainen Judischait halber am dato den 22. dieses zu ent-
weichenden Monats Julij aufferlegt, Ist an vnns erst vor wenig
tagen in vnterthster gehorsamb glaubwirdig gelanget worden,
das der von Euch angezogenen Verordnung zuwider erstgemel-
ter Judischeit diese hohe beschwerung begegnett, das die Pfortten von Morgens fruhe biss zu Acht Vhren versperret gehalten
vndt nachmittag zu vier Vhr wiederumben zugeschlossen solches noch bis dato continuirt vndt sie die Judischeit also dadurch ansuch, vndt nachsehung Ihrer Armuth vndt Nahrung
merklich verhindert werden, in dem dürffe sich kainen auss Ihnen
den Juden vor oder auch ausserhalb der Stadt ohne sonder gefahr sehen lassen, Ja man hette seiter insinuirung obangeregter
vnsers Jungsten beuelchschreibens, verpotten, das keinem Juden auff dem offenen täglichen Markt vor Neun Vhr Vormittag
etwas von essender Speiss, es sey von was es wolle wie auch
irgendt zu vnterhaltung aines Stuck Rindt Viechs einiger Last
gross von gemeine Statt weidt, so gar auch den Kindern in der
Wiegen kein Milch zukauffen gestattet werden solle.

Wann dann diss alles, so wohl vnnsern als auch Vnseren

löbl. hochgeehrten Vorfahren an Euch aussgangenen Decreten,
beuelch vndt Mandaten, Auch Euren selbst in Obgehörtt eng-
stem Schreiben vndt Bericht gethanen Erpieten allerdings zuwider laufft vndt es fast das Ansehen haben will, Alls wann in
ieztgenante Euern Schreiben vndt bericht man vnns gleichsamb
den schuldigen gehorsamb zu erweisen, ain anderes aber zu
vnnseren schimff vndt verdruss vndt auffallen an den Tag zu
geben vndt scheinen zu lassen gemaint seye.

Alss ist hiemit vnnser Erst vndt endlicher Beuelche Euch,
dass Ihr dasjhenige was iezt angezaigter massen gegen mehr
gemelt gemaine Judischait mit Sperrung der Pfortten, Entziehung
der Weydtt vndt Verpiettung des offenen Marktes fürgegangen
Alsbaltt ohne Verweigerung wirklicher abstellet vndt sonsten
insgemein abgehörtt vnsern vorigen beuelch vndt Euern selbst
erpieten zumal mit schleuniger administrirung der geliebten
Justici gegen vielgemeldte Judischait so viel Sie zu Eueren vntergebene Burgerschafft von Rechtswegen befügett, ein gehorsamst
schuldigstes benügen laistett.

Dess thun wir vnns zu Euch vnzweifenlich verstehen Ihr
erstattet auch daran vnnser gndgsten Ernst endlichen willen vndt
mainung.

Geben zu Lyntz 26. Julij 1614.

Beilage XVI.

Kais. Inhibition an die Statt Wormbs, wegen den wider die Juden
abermals verübten Attentaten. 2. OCt. 1614.

Matthias

Ersame liebe getreue! In deme wir auff vnnsere auch an
Euch nunmehr zu vnterschiedlichen mahlen vndt zwar jüngstlich
am dato den 26. July vndt den 27. Septemb. negsthin abgangene
Schreiben die in vnnser vndt des heil. Reiches Stadt Wormbs
wohnende Judischait vndt derselbe von Eurer anbeuohlenen
Burgerschafft aine Zeit her auf vnterschidliche vnerträgliche
Weeg begegnete Bedrangnus vndt Zunötigungen betreffends
Eueren vnterthenigsten Antwortt vndt gepurendt schuldigen folg-
laistung erwartten:

Müssen wir mit grosser Befrömdung vndt vngnedigen misfallen vernehmen, das man es vff seiten vorgemelter Burgerschafft bej denen allbereitt vervbter straffmessig vndt vnleiden-

lichen Thattlichkaiten nicht verbleiben lassen, Sondern sich noch
vberdiess ain Zunfft nach der andren ganz fräuenlich vndt mutt-
williger weise gelüsten lassen, obgemelte Judischait gewalthätig
anzufallen, dasjenige so Ihre Zunfftgenossen an Pfender in der
Judengasse gehabt Aber schon vor 10, 12 vndt mehr Jahre verstanden vndt Ihnen der Juden durch die Obrigkait selbst ge-
wöhnlicher massen haimb erkannt worden vndt zwar noch mehr
als Ainem vndt dem Andren zustendig gewesen nicht allain her-
aus zu nehmen, Sondern man habe sogar kein Abschewen gehabt Dissorts vnserer gepürender kay. Authoritet vorzugreiffen
vndt baides des Bischoffe zu Wormbs An- vndt des Adelichen
Geschlechts der Camerer von Wormbs genant von Talberg,
Vhraltt hergebrachte gerechtigkeit zuwider, der am kay. Camer-
gericht seider Jahr 1559 wehrenden Rechtsfertigung sowohl auch
zu genzlicher Aufheb vndt Vernichtigung der zwischen Weilundt
bischoff Emerich zu Wormbs vndt mehrbemelter Judischait daselbst noch im Jahr 1312 auch anderer darauff erfolgte Jüngern
vndt viel Jahr nach Eurer berümbte Kays. donation auffgericht
mit handt Siegel allerseits betheuertt hochverpönt vndt von weilundt vnnsern geliebten herren Anherrn vndt Vetter Kayser Carl
den fünfften Christmildester gedächtnuss Confirmirten Vertrag
vndt Rechtungen anzufechten.

Wie wir nun dieser hochstraffbahren vngepür kaines weges
dergestallt ungeandet zuzusehen gemaint seinde. Also will vnns
recht bedenken, das an den Ortten, da die Abwehr vndt Wen-
dung pillich geschehen solle, wo nicht ein öffentlicher Consen-
sus doch ain Augenscheinlicher Conniuentz vor oder Mitvnter-
lauffe vndt man also obangeregte vnnsern vntescheedlichen
Rechtmessigen vndt Ernstlichen Beuelch vndt Verordnungen
schuldigen gehorsamb zu leisten nicht sonder lust habe.

Derohalben ist hiermit noch zu allem Vberflus vnnser ge-
rechte Ernst auch Endlicher beuelch, das Ihr obangezogenen
vnnsere vnterschiedlichen vndt sonderlich lezlich (wie obgehört)
den 26. July vndt 27. Septembris beschehenen Verordnungen mit
widereröffnung der Pfortte, Vergüne vndt Zulassung der Waydt
vndt offenen Markts, schleuniger Administrirung der Justitz,
Auch Einstellung des vnförmblichen Criminal Processes, biss
auff vnser fernere Allergenedigste Resolution sowohl mit vberschickung Euerer berümbter Donation vndt der vertrösteten

Newen Ordnung vndt was diesem allem mehr anhengig nicht
allain alss Galtt vndt ohne fernere Auffrur, Verwaigerung vndt
widersetzigkaitt gehorsamst schuldige volziehung laistett, Sondern auch vielgemelter Judischaitt sowohl gesampt als Inson-
derhaitt zur restitution der mit gewaltt abgenommene Pfand vndt
ohne schaden vndt entgelt verhelffett.

Wie wir nun dessen der schuldigkeit nach von Euch genzlich vndt sonsten keines andern gewartten. Also werdt zu Vnns
Ihr Euch auff vnuerhofften widrigen fall solch Ernsten annse-
hens zu uersehen haben, Dass Euch vielleicht zu schwer fallen
möchtt.

Das ist also vnnser Ernst endlicher zuuerlässiger will vndt
mainung. Geben zu Lyntz den 2. OCt. 1614.

An die von Wormbs.

Beilage XVII.

Kais. Comission zur Gütte, auch Chur Pfaltz vndt Bischoff zu Speir,
iu Causa der Wormbsischen Judenschafft, Contra etliche Zunfften daselbst. 23. April 1615.

Wir Matthiass etc.

Entbiethen den hochgebornen vndt Ehrwürdigen, Friedrichen, Pfalzgrauen bej Rhein, herzogen iu Bayern vndt Grauen
zu Spachaimb des heil. Röm. Reichs Ertz Truchsassen vndt
Philipps Christophen, Bischoffen zu Speyer, Pröbsten zu Weis-
senburg vnnsern Rath, Camer Richter vnnsres kay. Camghrts
zu Speyer vnnsern lieben Ohaimb vndt Churfürsten, Fürsten vndt
Andechtigen vnnser freundschafft gnadt vndt alles gutts.

Hochgeborne auch Ehrwürdiger liebe Ohaimb. Churfürst
fürst vndt Andechtiger E. L. vndt And. ist ohn Zweifel ohnuer-
borgen was für vnruhe vndt Empörung sich nunmehr vor ainem
Jahr in vnnsrer vndt des heil. Reichs Stadt Wormbs auss etlichen von den Zunfften wider die daselbsten wohnende Judenschafft zugetragen vndt angesponnen.

Obwolen wir nun von diesem vernomen, das erstangedeute
vnruhe vermittelst Der des Churfürst Pfalzgrauen L. gethanen
Interposition gestellett vndt gedempffet worden, Jedoch weil der
sachen auff sich ferner dardurch nicht allerdings geholffen E.
Ld. vndt A. auch auss beygefügten Abschrifften mit mehrern
zuuernehmen, was bej vnns im nahmen obgemelter Judenschafft

anirzo abermalen angebracht vndt geclagt worden, So wohl auch
was für vnterschiedlich Ernstliche beuelch wir an den Rath zu
Wormbs vor diesem abgehen lassen, Vnnd was vnns darüber
von dem Rath zu Wormbs für vnterschidliche Bericht vberschicket worden. Wir aber gerne sehen, das zu verhüttung mehrer
weitleufftigkeit vndt vngelegenheitt so darauss erfolgen möcht.
Hierumb so haben wir E. L. u. A. als dem Ortt vndt sachen
nicht weit abgesessene fürnehme Chur vndt Fürsten des Reichs
sampt vndt sonders zu vnuserem Kay. Comissar verordnet. An
dieselbe hiemit freundt vndt gnediglich gesinnendt vndt begehrendt, denselben auch darneben vnnsere vollkomene gewaltt vndt
macht gebend das E. L. vndt A. sich berüerter Comission vnns
zu wolgefälligen Ehren vndt baiden thailen zum besten gutwillig vndt vnbeschwert vndernehmen vndt beladen, Vnd darauff
an vnser statt vndt in vnserem Nahmen Ihre subdelegirte Rath in
obbemelte Stadt Wormbs alssbaltt nach anhändigung dieser vnns.
kays. Comission abordnen, die Clagen vndt beschwerden, Irrungen vndt gebrechen wie vndt woran dieselbigen stehen vndt
hafften, auff ainer vndt der andren seiten nach notturfft anhören
vndt vernehmen, Vnd allen möglichen fleiss anwenden, damit
alle solche Irrung vndt streitigkeiten (doch auff vnnser gnedigste
ratification) hingelegt vndt zur Ruhe gerahtet werden möge.
Insonderheitt aber wollen E. L. vndt A. vndt abgesetze dero
subdelegirte dahin gedenken vndt Ihnen angelegen sein lassen,
damit hier zwischen mehr gemelte Judenschafft insgemain vndt
absonderlich bei Ihren habenden freyhaiten vndt der ortten hergebrachte häussliche wohnung vnbedrangt gelassen vndt erhalten Ihnen das abgenommene, so viel von Ihnen wird dargethan
vndt bescheinigt werden, möge restituirt, Sie vndt die Ihrigen
auch an Victualien vndt andern vnemperlichen notturfften, nicht
dergestalt, wie bisshero geschehen, gespert vndt verhindert
werde. Vnd was E. L. vndt A. auch obgenandt Ihre subdelegirte endlichen verrichtet haben werden, daruor wollen vns Sy
vmbstendliche relation ehist zukommen lassen. An dem vole-
bringen E. L. vndt A. vor das ain gutt rühmliches Werk, erweisen vnns auch darneben angenehmen gefallen, denen wir
sampt vndt sonders mit freundschafft, kays. gnaden vndt allem
guten vorders wohl zugethan vndt genaigt seyn.
Geben zu Wien den 23. Aprilis Ao 1615.

Kais. schreiben an Churfürst Pfaltzgrauen vnd Bischoffen zu Speier pro inquisitione ac relatione wegen der zu Wormbs in aus iagung der Juden vervbten vngebür. 6. Maij 1615.

Matthias

Hochgeborne, Ehrwürdige, liebe Oheimb, Churfürst, fürst vndt Andechtiger. Vber vnnser kay. Comission, welche wir kurtz verwichenen Tagen, an E. L. vndt And. In sachen der Zunfft vndt Burgerschafft in vnnserer vndt des heil. Reiches Stadt Wormbs vndt der Judenschafft daselbst aussgehen lassen, mögen wir E. L. vndt An. noch ferner durch inliegende Abschrifften nicht vnangefügtt lassen, vnnd sie werden ohne Zweifel vorhin genugsam berichtet seyn was hochstraffmessig vndt vnuerantworttlichen freuel vndt muttwillen sich erstgemelte burgerschafft am nechst verschienen Ostermontag wider gedachte Judenschafft mit gewaffneter Zusamen Rottirung, Aufsperrung der Pforten an der Judengassen auch genzlichen Ausstreibung Ihre der Judenschafft sampt Weib vndt Kindern zu verüben sich vnterstanden.

Wann wir vnns dan tragenden Kays. Ampte halber in allerweg schuldig erkennen, auch an sich selber genzlich gemaint seindt Vnnser vndt des hayligen Reichs Camerknecht die Juden wider allen gewalt vndt vorberürte vngebur zu verhütung vnseres vndt des Reiches schadens, der darauff beruhenden gefahr, Auch bösen Exempels vndt Aergernuss, gebürend Ernstliches einsehen vndt bestraffung fürzuwenden.

Hierumben so begehren wir an E. L. vndt An. sampt vndt sondern, hiemit freundtlich vndt genediglich Sie wollen Ihre subdelegirten in obbemelte Stadt Wormbs alssbaltt vndt noch vor wirklicher volziehung obgehorter Comission abfertigen, vermittelst derselben, wie es mit obgemelter Juden Vering vndt Ausstreibung vndt sonsten in ander weeg zugegangen, aigentlich vndt begründete Erkundigung mit Zuziehung des Raths zu Wormbs Im Fall sie es thunlich vndt sonsten befinden werden, das gedachter Rath mehrgenanter Zunfft vndt Burgerschafft vervbte fräuel sich nicht thailhafftig gemacht, Sondern darob misfallen getragen vndt von dem tumultirenden Pöfel gezwungen werden, wen er sich gegen vnns am dato den 12 negstverwichenen Monats Aprilis entschuldigett, cinziehen lassen vndt

darauff gedacht sein, Inmassen wir Ihnen dann hiemit vnnser
vollkomener Gewaltt vndt macht geben, damit die Anfänger vndt
Rädlführer dieses obgeschriebenen Vnwesens (Sy mögen gleich
sein wer sie wollen) in erfarung vndt zugepürende vnuerschonte
verhafftung gebracht, vor allen Dingen aber mehrgedachte Judenschafft gesampt vndt absonderlich vom negsten wiederumb
in die Stadt gelassen vndt zu Ihren entsetzten Wohnungen,
Schul vndt anderen Reimen, auch alles dass Jhenige so Inen abgenomen oder verderbt worden, als bald breui manu vnfchl-
bar restituirt. Darneben auch von aller künfftigen Bedrangnuss
vndt Beschädigung an leib vndt gutt auch veringung gefreyhett
vndt versichert werden.

Vnd wie E. L. vndt An. oder besagte derselben subdelegirte
die sach endlich an grundt beschaffen befunden vndt was sie
in ainem vndt andern verricht haben werden, Dauon wollen sie
vnns Ihre Relation mit angehefftem gutachten ie eher ie pesser
vberschicken, Volgendts aber in mehr gemelt vnnse kays. Comission derselben Innhalt gemäss schleunig verfahren.

An dem befürdern E. L. vndt And. das Jhenige, was zu
ruhig vndt friedlichem Weesen geraicht, erweisen vnns auch
angenehmen gefallen gegen Ihnen sampt vndt sonderes in freundschafft kays. gnaden vndt allen guten (damitt wir Ihnen ohne
das vorters wohl zugethan vndt gewogen) zu erkennen.

Geben zu Wien den 6. Maij Ao 1615.

An Churfürsten Pfalzgrauen vndt Bischoffen zu Speyr.

Beilage XIX.

Kais. vermahnung an den Rath zu Wormbs Sich in Sachen der aus-
getriebenen Judischait Contra die Burgerschafft daselbst, also zu verhalten, wie sich von Ampts vndt nachgesetzter Obrigkeit wegen ge-
büret. Mit Comunicirung was den kais. Comissarien in eadem Causa
zugeschrieben wird. 6. May 1615.

Ersame liebe getreue! Vnns ist auss Eurem schreiben von
dato den zwölfften negst verwichenen Monats Aprilis gehorsamst
referirt worden, was hochstraffmessig auch vnueranttwortlichen
fräuel vndt muttwillen Euer vntergebene Burgerschafft am negst
verwichenen Ostermontag mit gewaffneter Zusammenrottirung
um aigenthätiger Ausstreibung der Judenschafft zuuervben sich
vnterstanden.

Nun haben wir zwar gern vernommen, das Ihr als der von vnns nachgesetzte Magistrat, Euch die Abwend. vndt stillung vorberürter vngepür, so viel in Euren krafften vndt vermögen gewesen, eurem bericht nach, angelegen seyn lassen, vndt alsso dardurch Euer hierab geschöpfftes misfallen zu erkennen gegeben, vnns auch des ganzen verlauffs in vnterthenigkeit berichtet habtt.

Wan wir dann tragenden kays. Ampts halber vestiglich gemaint seindt, wider obgemeltes hochstraffmässiges vnwesen gepürendt ernstliche demonstration vndt bestraffung fürzunehmen, Inmassen wir dan desswegen den hochgebornen vndt Ehrwürdigen etc. (Titul) Churfürst Pfalzgrauen vndt bischouen zu Speyer als vnnsern in der wormsischen Hauptsach kurz verwichener Tage, ohne das verordneten kay. Comissarien zugeschrieben, wie Ihr auss inliegender Abschrifft zu vernehmen habt.

Befehlen Euch demnach hiemit genedigst, das Ihr bey obangeregter vnns angekündigter Intention vndt den Jhenigen was Euch von Ampts vndt nachgesetzter Obrigkait wegen gebürett vndt obliegett nicht allain beharlich verbleibet, Sondern auch vorbesagten vnsern ansehnlichen Comissarien oder Derselben subdelegirten zu schleunig vndt wirklicher Verrichtung dessen was obgehörtt vnnser kays. Schreiben vermag, allen guten Bericht gehorsamb, vndt wo von nöthen assistenz erweisett.

An Deme erstattet Ihr neben der Billig vndt schuldigkait, vnnsern gnedigsten Ernstlichen willen vndt mainung, Denen wir mit kays. Gnaden geneigt sindt.

Geben zu Wien den 6. May 1615.

Beilage XX.

Kais. schreiben an die Wormbsischen Herren Comissarien, vmb Bericht vndt guttachten wegen der Judenschafft interesse vndt derselben wircklichen restitutions verschaffung. Prag 14. Aug. 1615.

Matthias

Hochgeborner auch Ehrwürdiger lieber Ohaimb, Churfürst vndt Andechtiger, wir haben zwar D. des Churfürst Pfalzgraff L. (Inmassen sie sich ohn Zweifel wohl zu erindern hatt) in sachen die in vnsrer vndt des heiligen Reichs Stadt Wormbs aussgetriebene Judenschafft belangendt an dato Iglau den 23. May negsthin vnter andern ersucht vndt begehrtt, das sie neben erst-

gemelter Judenschafft gebürlichen restitution alle wücherliche
Contract, der Reichs Constitution vndt sonderlich der auffge-
gericht vndt zu mehrmahle verbesserten Policei-Ordnung nach,
allerdings abgeschafft vndt was darwider fürgelauffen Cassiert
vndt aufgehebt, die Juden auch ins künfftig nicht anderst, dan
wie es in Reichsverfassungen verordnet Contrahiren können
oder sollen. Wir mögen aber E. L. vndt A. durch Inliegende
Abschrifft nicht vnberichtet lassen, das bej vnns diese tage vor-
gemelte Wormsische Judenschafft durch Ihre Verordnete Clag-
weis fürkomben vndt in vnterthenigster Demütigkeit zu erkennen
gegeben, das von den Zunfften vndt Burgerschafft obgemelter
Stadt Wormbs, vorangeregt vnnser gethane Verordnung dahin
aussgelegt vndt verstanden werden wolle, Alswann dardurch
alle beruerter Judenschafft Interesse, auff die in des hailigen
Reichs Constitutionen gesetzte Summa der 5 per cento redigirt
werden solle, Mit gehorsamster Bitt, weil von vnnsern hochgeehrten Vorfahren am Reich Röm. Kaisern vndt Königen die ge-
sampte Judenschafft angedeuter Interesse halber mit stattlichen
freyhaiten begabet, darneben auch von dem Rath zu Wormbs,
der daselbst wohnenden Judenschafft, wie es mit nembung be-
meltes Interesse gehalten werden solle, vnterschiedliche decreta
vndt statuta mitgetheilet worden, das wir hierüber vnnser
Aigentliche Erklerung thun vndt geben wolten.

Ob wol nun mehrgenannte Wormbsische Judenschafft, erst-
angezeigte decreta vndt statuta genugsamb darthun vndt be-
scheinigen, wir auch solche an sich selber nicht vnlauter befunden. So haben wir doch E. L. vndt A. obbestimtes suppliciren
mit seinen Beylagen hiemit zuschicken wollen, freundt vndt genediglich gesinnendt vndt begehrendt, Sy wollen vnns darüber
Ihren Bericht vndt guttachten ehist zukommen. In allerweg
aber nochmals darob seyn vndt Ihnen angelegen sein lassen,
damit vielgedachte vertriebene Judenschafft so wohl in genere
als in specie vermög abgehörtt vnnser den 23. May negsthin
gethanen Verordnung für alle Dingen, auch ohne Auffenthalt vndt
Verzug in Ainem vndt Andern wirklich restituirt worden.

Wolten Wir E. L. vndt A. erhaischenden notturfft nach nicht
bergen, Vund seindt Ihnen sampt vndt sonders, mit freundschafft
kayserl. gnaden vndt allem guten vorters wohl zugethan vndt
gewogen.

Geben auff vnnserem königl. Schloss in Prag den 14. Aug. Ao 1615.

Geben auff vnnserem königl. Schloss in Prag den 14. Aug.
Ao 1615.

Beilage XXI.

Kais. schreiben an die Wormbsischen Herrn Comissarien vmb gutt-achten, wegen der von denen ausgeiagten Juden begert worden, Inen aus iren verlassenen heussern ire notturfft folgen zu lassen; vndt wi-der ire debitores auf gebierliches Klagen vnuerzügliches Recht mitzu-theilen. Prag 20. Aug. 1615.

Matthias!

Hochgeborne, auch Ehrwürdiger lieber Ohaimb, Churfürst vndt And., auss dem Einschluss haben E. L. vndt A. zuuernch-men wass massen bej vnns die arme vertriebene Judenschafft zu Wormbs in vnterthenigster Demütigkaitt angeruffen vndt ge-beten, damit Ihnen auss Ihren verlassenen Häuser das Jhenige so sie zu Ihren nothwendigen Vnterhaltt bedürffen vndt begeh-ren gefolgett vndt verstattet Auch wider Ihre Creditores auff gepürliches anrueffen vndt Clagen schleunig vndt vnuerzügliches Recht mitgethäilt werde.

Ob wol nun leichtlich zu erachten, das vorgenannte Juden-schafft zu ietztberuert vnterthenigist demütigisten suppliciren zumahl vmb der herbejnahenden Winters Zeitt willen auss an-tringender noth bewögett vndt gleichsamb gezwungen worden sej.

So haben wir doch E. L. vndt A. angedeutes suppliciren Ee vndt zuuor wir darüber etwas anders verordnen zuzuferti-gen für ain notturfft gehalten, freundlich vndt gnedigist gesin-nendt vndt begehrendt, Sy wollen vnns darüber Ihren Bericht vndt gutbedinken ehist vndt noch vor genzlicher Einbrechung obgemelter Winterszeitt vndt Kälte zukommen lassen, Vnnd wir seind E. L. vndt A. mit Freundschafft kays. gnaden vndt allem guten vorters wohl zugethan vndt gewogen.

Geben auff vnnserem königl. Schloss zu Prag den 28. Aug. 1615.

Beilage XXII.

Kais. fernere erklerung an die Wormbsischen Herren Comissarien wegen der vertriebenen Judenschafft daselbst restitution. Prag 16. Feb. 1616.

Matthias.

Hochgeborner auch Ehrwürdiger liebe Ohaimb, Churfürst vndt Andechtiger, Inn dem wir in der bewusten Wormsischen

5*

Comission sachen vndt was dauon herrürig auch vnnser an F. L.
vndt A. vnterm dato den 2. Dec. negstverwichenen 1615. Jahres
abgangenes Schreiben (welches Ihnen vnseres versehens nunmehr zu Recht wohl eingeliefert worden sein wirdt) E. L. vndt
And. fernere Relation erwartten, Sein bej vnns die verschiene
Zeitt auss vnnser vndt des heil. Reichs Stadt Wormbs vertriebene Juden durch Ihre an vnnsern kays. hoff abgefertigter Auss-
schuss mit ainer weitern ausführlichen Schrifft (wie E. L. vndt
A. auss beygefügter Abschrift mit mehrern zuuernehmen) in vnterthenigster Demüthigkeit für vndt einkommen, Crafft dessen
sie nochmalen gehorsamist gebeten, das Ihnen zuwider einräu-
mung Ihrer häusslichen wohnungen Aufferpauung Ihrer Vhral-
ten Synagog Restitution der Bergamenen vndt anderen Bücher,
Zehengebott abgenommenen Geldt auss dem Allmosen Kasten,
Reparation Ihrer verwüsten Begräbnissen, vnnützlich verzehrte
Wein vndt Victualien vndt was dgl. mehr ist vndt baides an
Eigenthumb vndt Pfandschafften auf die Zunftstuben getragen
werden. Darrüber auch in Ihren pretendirten Sprüchen vndt
Schulden zu würklicher Bezahlung der Hauptsuma Interesse
Kosten vndt schäden, nach aussweisung der bisshero gewohn-
ten Judenordnung auffs schleunigste verholffen vndt den obge-
nanten Juden in Ihren künfftigen Contracten nach besag der h.
Reichs Policej Ordnung gegen genuss aller darinen nicht verbottenen hanttierungen zu handlen verstattet vndt die desswegen bissher getragene sachbeschwerliche Imposten abgestellet
werden. Mehrers Inhalts obberuerte Ihre eingebrachte Schrifft.

Obwohl wir nun nicht zweiffeln weil obgehörtt vnnser Jüng-
stes Schreiben vom 2. Dec. negsthin recht deutlich genug zu
verstehen gibt, wass gestaltt obbesagter vertriebener Judenschafft zu dem Jhenigen, was sie Ihnen vnter fürgangenen Tu-
mult, Aussiag vndt Vertreibung abgenomen vndt verderbt zu
sein genugsamb liquidiren vndt bescheinen wie auch einlangung
Ihrer hinterstelligen Schulden geholffen werden solle. Es werden E. L. vndt A. oder derselbigen subdelegirte angedeutt vnsere kays. Verordnung nunmehr zu Werk gezogen haben.

Zum fall es aber entweder noch nicht geschehen, oder daran vielleicht noch etwas abgehen oder vbrig seyn solte So ge-
sinnen vndt begehren wir an E. L. vndt A. hiermitt anderweitt
freundt- vndt genediglich Sy wollen nochmalen die Ernstliche

Verfügung thun damit vielermelte Judenschafft, sowohl insgemein als auch ein Jeder derselben Insonderhait zu vnfehlbar würcklicher restitution in all obgerürten Stücken oder was dabej etwa in ainem vndt andern noch ausstendig sein mag, auch entrichtung Ihrer hinterstelligen Schulden (voriger vnnser Resolution wegen den Interesse gemäss) ohne widerredt vndt Entgeldt gelangen vndt Clagloss gemacht werden mögen.

So viel dann die Reparation vndt wider Auffbauung der Juden Synagog, wie auch andere in obangezogener Ihrer ietzt vbergebenen Schrifft vermeldete vnterthenigiste Bitten belangtt, wie wir dieselben nicht weniger als obangedeute Restitution der billigkaitt nicht vngemäss zu sein erachte, allso ist gleicher gestaltt vnnser freundlich vnd gnediges begehren an E. L. vndt an Sy oder derselbigen subdelegirte wollen Ihnen offtgenannter der Judenschafft vbrigen begehren halber, die sach auff solche mittel vndt weeg zu richten angelegen sein lassen, damit Ihnen auch derselben wegen, so viel sich thun lassen wirdt rebus sic stantibus zu gebürender satisfaction vndt also dem Werke selbsten volkommen vnd auss dem grundt abgeholffen werde.

Da aber E. L. vndt A. oder mehrgedachte deren subdelegirte in ainem vndt andern die sach vielleicht also gestaltet befinden würden, das sich dasselbige als gleich nicht ins Werckh sezen lassen wolte, welches die Vmbstände vnd gelegenhaitt der Zeitt dortten in loco pro re nata zu erkennen geben werden, So wollen vnns E. L. vnd Andächt. solches zu vnserer Nachrichtung vnd ferner Resolution mit vnd neben Ihrem angehefften wohlmeinendem Guttbedünken, wie ainem vnd dem Andern also noch in suspenso verbliebenen Puncten zu begegnen vnd Rath zu schaffen vnuerlengt vnd ie eher ie besser berichten.

Sonsten lassen wir es im vbrigen bej denen in vnnserem den 6. May vnd 2. December verschienen Jahres abgangenen Schreiben vnd darinnen beschehenen vnterschiedlichen Verordnungen vnd Puncten nochmals allerdings verpleiben, Demselben vnd ieziger vnnserer fernern Resolution vnd Anordnung gemäss werden E. L. vnd And. in ainem vnd andern zuuerfahren wissen.

Denen sein vnd bleiben wir sampt vndt sonders mit freundschafft kays. Gnaden vnd allem guten Jederzeit vorters wohl bejgethan vnnd gewogen.

Geben zu Prag, d. 19. February Ao 1616.

Stätigkeit für Worms, Prag 22. Febr. 1617.

Wir Matthias etc. bekhenen für vns vndt vns. Nachkommen am Reich offentlich mit disem Brieff vndt thun kundt allermeniglich Nachdem die etc. Titul Fridrich Pfalzgraf bei Rhein vnd etc. Titul Bischoff zu Speyr Als Vnsere zu dem Vnuersehenen schweren vndt gefehrlichen Tumultwesen, welches sich in Vnsrer vndt des heyl. Reichs Statt Worms Jungsthin begeben, wol verordnete kays. Comissarien Neben vndt Vnter anderem deren vns zugeschickte Relationibus, Guetachten vndt Verrichtungen auch ainem abgefasten Vergriff der Newen Juden Ordnung oder Stettigkeit, wie dieselbe an yezo doch auf Vnser allergenedigste Ratification vndt mit Vorbehalt deren an vns. kays. Cammergericht schwebende Processen möcht aufgericht werden, gehorsamblich zugeschickt.

Demnach so haben wir solch abgefassten Begriff in reiffester Berathschlagung ziehen mit vorigen alten Jüdischen insonderlich in Wormbsischen Ao 1604 aufgerichten Stettigkeit alles fleisses conferiren vndt vberlegen vndt darauf dise Vnsere Ratification vndt Declaration den Thailen zu entlicher Nachricht: Vnd steiff vndt veste haltung verferttigen lassen wie von Wort zu Wort hernach volget:

Erstlich, So sollen alle vndt yede yetzige vndt khünfftige Juden zu Worms ainen Erbaren Rath Vnserer vndt des heil. Reichs Statt Worms für Ire angesetzte Ordenliche Obrigkait erkennen vndt Ehren, denselben auch in gemainer Statt treu vndt holdt sein, Sie für schaden warnen vndt Ihr pestes vndt fromen alle Zeit werben.

Zum andern so sollen auch gedachte Juden bey Publicirung diser Ordnung ain laiblichen Aydt schweren, das sie solche Ordnung vestiglich halten vndt derselben ohne arglist trewlich nachleben wollen.

Zum 3. Sollen kaine frembde Juden ohne Vorwissen des herrn Amptsträger der Statt Wormbs weder haussen noch herbergen, noch denselben Vnterschlaiff geben, Sondern aller vndt yeder derselben Namen vndt gelegenhait, wöchenlich wie von Alters herkommen den verordneten Amptträgern durch ainen wahrhafften vndt richtig beschriebenen Zettel anzaigen lassen.

Zum 4. Sollen Sie an den gewöhnlichen Markttägen Vormittags oder am Abend vor dem Markttag Ochsen oder sonst Vieh zu khauffen in die stelle, oder wo das Viehe beherbergt wirdt, nicht gehen, bey Poen souil dass Viehe goltten hatte, Auf dem freyen Markt aber, mögen Sie Ihr notturfft kauffen gegen entrichtung des Vnderkauffgelts.

Auch sollen Sie auf dem gemainen Marktage sonderlich was Essende Speiss anlanget ehe Sie dasselbige bezalt haben nicht angreiffen oder betasten.

Zum fünfften Sollen sie alle gestolene Sachen es sey gross oder klain zu khauffen sich enthalten, Vnd da Ihnen etwas haimblich oder offentlich zugebracht wurde, das entweder ainichen Kirchengewandt oder Ornat änlich oder mit bluet befleckt oder ahngetrickent, Sondern noch nasse leinwat oder mit frembden Zaichen oder Wappen geziert oder dieselbe daran ausgekrazet oder mit flor verdunkelt wären sollen Sie dergl. Sachen wie dann auch andere so Ihnen von Statt verdechtigen Personen zugebracht werden möchte nicht khauffen sondern dieselben verdechtigen Personen bey dem Rath anmelden oder aber selbige nach befindung des Diebstals, ohne entgeltt zu restituiren schuldig seyen, die sein gleich frembden oder Einhaimischen entwendet, oder durch Schulban, so sie auf erfordern zu thuen schuldig sein sollen oder andere Wege erkhundigt vnd befunden werden. Im Fall Sie auch yemanden als verdächtig angeben hatten, vndt sich die Sach hernach anderst befinde Sollen Sie dessen nicht entgelten, Sondern dessen gebürenden Oberkaitlichen schuzes geniessen.

Zum 6. Sollen Sie den Burgern vndt andern, so dem Rath zuuersprechen zustehen, nicht leihen auf harnisch, büchsen, hellenparten, Schwerter oder anders dergl. so zu der Währ gehört, Item sollen Sie auf kainen handtwerchszeug vndt rohe vnaussgemachte Sachen, So Ihnen von den Webern zuegebracht, od. sonst dergl. klaine stuek, so vermuettlich zu uorarbeiten aussgegeben nichts leihen, vndt da Sie auf Betgewant leihen würden, Sollen Sie dasselbe ohne des Raths bewilligung nicht aus der Statt fahren bey Poen zehen Gulden, wann aber ain Jud oder Judin mit hausshaltung aus der Statt ziehen wolte, Alssdann mag ainer oder aine ain Bett, drey oder vier wol mit abführen.

Zum 7. Sollen sie, ohn ausstruckliche Consens der Oberkait nichts auf der Burger ligende Guetter leihen vnd ob solches geschche, soll nichts darüber erkent werden,

Zum 8. Sollen Sie kainerley frembde Pfandt, darauf Sie
Sechs oder mehr gulden gelihen, verkhauffen oder für sich selbst
Jene behalten, Sie haben dann zuuor nach dem Stattrecht, Ordnung vndt reformation verkhündet. Vnd ob Ihnen ainige Pfandt
verstuende vndt Sie aufbieten vndt verkünden lassen wolten,
vndt nicht wüsten, wem dieselben zuestuenden oder wehr Ihnen
dieselbe versetzet hette, vnd sie das bey Iren tresor-behalten,
so sollen vndt mögen sie dieselbe vor Gericht bringen vndt in
das Gerichtsbuch einschreiben lassen vndt darauf nach Gerichts
recht vndt gebrauch Inhalt vnserer reformation verkhauffen.
Alles vndt yedes, so offt solches von einem Uebertretten befunden wird, bei Poen zwanzig Gulden, was aber Vnter Sechs gulden Anleihung betrifft, sollen Sie Jhar vndt tag verwarlich enthalten vnd alssdann Ires gefallens zuuerkhauffen vndt zuuer-
eussern vnbedingte Macht haben, doch mit diser Ererlerung Mass
vndt Beschaidenhait, wann der Jud mehr dann ain stück von
ainer Bürgerlichen Person oder die Vnns zuuersprechen stehet,
Pfandweis Innhete vndt also solche stück, sambtliche Vber Sechs
gulden Angelihenes geldt anlieffen, soll Er sich damit verhalten
wie zunegst von der Suma Sechs gulden Vbertreffendt statuirt
vndt geordnet ist, In welchen fall auf die pesserung der Pfan-
den andere Creditoren nach aussweisung gemainer Rechten vnd
gemelter Reformation zu gueten kommen vnd gerichtlicher ertailt
werden solle, Was aber unter Sechs gulden Jedes sondern
stuckhs ist, wie oben gemelt, das mögen Sie nach ablauff Jars
vndt tags Ires wolgefallens ausserhalb gerichtlichen Process,
gegen frembden vndt Burgern verkhauffen, yedoch der Jud
schuldig sein soll, in nechsten oder letzten Monat vor Abschai-
dung vndt Verschliessung des Jhars, solch Innhabendt Pfandt
so vnder Sechs gulden gelihenes gelts laufft dem Schuldner vn-
geuehrde vndt Vffrichtig durch Vnsern Gerichtspedellen, gegen
zimblich belohnung zur gepürlichen widerlassung anzupietten
mit dem Anhange, wo der Jud solches vnderlassen würde, Alsdann dem Schuldner zu seinen Pfänder wider helffen oder desswegen Ihme nach Billichait seinen Willen mach soll.

Zum 9. So vil der Juden Comertien vndt Handtirung an-

reicht, sollen sie sich, wie von alters hergebracht, derer hand-
tierungen, welche den burgerlich Handtwerckh vndt gewerben
offentlich schaden bringen möcht enthalten. Das ist, Sie sollen
khaine Neue Klaider von wullen Lainen oder andre Gewandt,
auch khaine hembden, Schuche, Stiffel, Pantoffeln fuetter oder
Pelz vndt andres (welches die Handtwerckher zuzurichten vndt
zuuerkhauffen pflegen) weder von Newen machen, noch fail haben
vndt verkhauffen, Sondern desselbigen muessig stehen, was Sie
aber von altem gewandt mit Iren aigenen handen arbeiten vndt
machen, oder machen lassen, dass mögen Sie wol fail haben
vndt verkhauffen. Sich auch darbeyneben hembde vndt andere
Leinbath den Christen vmb Lohn zuuerfertigen vndt zu mache
wol gebrauchen doch ohne Abbruch der Zünffte gewonhait alles
bey Poen von yedem Vbertretten zehen Gulden. In den Gewerben aber, ausser den Handtwerckhen soll Ihnen vergünstigt
sein, allerlei Gewandt von Seyden, als in specie Gulden vndt
Silbernen Stuckh Sammet, Damast vndt Seiden, Atlas, Seiden
vndt andere Schamlot Robin Zendeldort, Daffet vndt Seiden,
Grobgarn einzukhauffen vndt hinwidrumb doch allain mit ganzen Stucken, gegen entrichtung des doppelten pfennig geldes
Inn vndt ausserhalb der Statt Wormbs zuuerkhauffen Aber mit
der Elen ausszumessen, ausszuschreien oder zuuerkhauffen genzlich verbotten seyn bey willkhurlicher Straff so auf yede Vber-
trettung der Oberkait hiemit vorbehalten wirdt. Also soll Ihnen
auch verstattet sein mit allerhandt bruchsilber vndt gemachter
alter goldener vndt Silberner Arbait, so für newe Arbait nicht
mehr angegeben vndt verhandelt werden kann, zuehandeln, doch
mit dem geding, das Sie alles gold vndt Silber dem Statt Goldt-
schmieden zu Wormbs durch mittel der Schaumaister zuuorumb
ainen pillich pfening fail anbietten. Vnd das Bruchsilber seinen
erfindtlichen werth nach, dass Lot Vmb ainen Khreuzer mher,
dann es sonst gelten möchte, den Goltschmieden zuekommen
lassen, bey Straff souil das vereusserte Goldt oder Silber an
Werth lauffen würde, dessen halber thail dem Rath zu Wormbs
vndt der ander halbe thail dem Goltschmiedt handtwerkh verfallen sein soll.

Souil aber das Geltaussleihen betrifft, soll es noch der Zeit
bey der alten Stättigkeitsordnung de Anno 1604 in articulo verbleiben, das Sie Nemblich von khainem Burger zu Wormbs oder

der Statt angehörigen mehr interesse, dann wochentlich von
fünff gulden zween Pfenning, das thuen aufs hundert zehen gulden abnemmen, dessen sie sich auch also stettigen vndt dessen
ferneren Vmbschlages oder Wuecher vom Wuecher zu nemmen
Und aller anderer Vortail vndt mittel, so sie darwid. gebrauch
möchten oder könten genzlich enthalten sollen, alles bey ernster
Vnnachlässlicher willkührlicher Straff nach gestalt der Ueber-
fahrung Inmassen auch Ihnen an dem Stattgericht oder durch
die Amptsträger ain mehreres nicht mit Vrtel zuerkennet oder
von Ambtswegen verholffen werden soll.

Zum zehendten, ob wohl die Juden bisshero auch ain Jedes
Haus gesessen ain Kuehe auf die Kisselwies zum Waidgang zu-
treiben ein herbringen gehabt, Yedoch weil hieraus allerhandt
Vngelegenheit vndt Missverstandt entsprossen. So sollen die
Juden forthin selbst khaine Kuehe halten, noch bey den Burgern einstellen, die Milch aber betreffende soll Ihnen erlaubt
sein, dieselbe zu Irer vndt der Irigen Notturfftig Vnderhaltung
von der burgerschafft zu khauffen vndt abzuholen.

Zum ailfften. souil Ihr gemezelt flaisch anlanget, Mögen Sie
dass gemezelt Vngeraten flaisch mit ganzen, halben vndt Viertl
Centnern der Burgerschafft im Khaufhaus alhier, gegen entrichtung gebreuchigen Waggelts darwegen, Sollen aber mehr nicht
darin fünff Juden Mezger halten Vnd souil allein, als zu Irer
Prouision Nöttig ist, wechentlich Mezgen lassen, das flaisch vndt
Vnnschlitt auch ausserhalb der Statt nicht verkhauffen, Sondern
der Burgerschafft vndt Innwonern vmb den gebürenden Preiss
zuekommen lassen, Item dass gerathene flaisch sollen Sie Vnder
das Vngerade nicht mischen, Soll auch den frembden Juden
nicht verstattet werden flaisch anhero zuführen bey Verlust
desselben.

Zum zwelfften, sollen Ihre Obligationes vndt handtschrifften,
so von ainem Erbaren Stattgericht nicht aufgerichtet vndt vor
den Debitoribus diffitirt werden, kain Crafft haben noch darauff
gesprochen werden, Aber doch den Juden vnbenommen sein,
Ire Vnuerschribene Schultforderungen durch andere rechtmes-
sige Beweissungsmitel zu liquidiren vndt zu iustificiren. Vnd
soll es sonnsten so viel die bestellung der zwayen Schöppen
aus dem Stattgericht vndt dem zugeordneten Stattrichter belan-
get, wegen des Leyhens oder entlehnens zwischen den Burgern

vndt den Juden, Item wegen entschaidung der daraus entstehenden Irrungen allerdings bey der alten Ordnung der Stettigkait de Anno 1604 articulo 22 gemacht verpleiben vndt derselbigen nach gelebt werden.

Zum dreyzehenden Sollen Juden vndt Judinen an den christl. Sonn vndt feyertagen Sich in Iren Gassen behalten, es were dann, das ainer Notwendig zuuerraisen oder Sie der Christen Kirchen oder Predigten besuechen wolten, oder die ohn Vmbgengliche Nott erforderte Ire Totten zu begraben, auf welchen fall Sie vermög Sie herkommens bey der Statt oder Burgermaistern ansuechen sollen, bey aines Erbaren Raths Straff.

Zum vierzehenden, soll Inen der frucht vndt Wein handel benommen sein, Jedoch das Inen an früchten vndt wein für Ire Haussnotturfft einzukhauffen vndt sonst ainen von seinen Schuldner da Er sein bezahlung an gelt nicht erlangen köndte, bis auf hundert gulden werth, frucht oder wein, das Jhar Vber anstatt der bezahlung anzunemmen vndt wider zuuerkhauffen erlaubt seyn, darbey aber kaine gefehrlichkeit gebraucht, vil weniger Vnter solchen Schein, ainig fürleihen auf frucht oder wein verübet, Vnd was also von den Juden an fruchten verkhaufft werden wolt, zuuorderst der Burgerschafft od. andere der Statt Innwonern angebotten vndt in pillichen lauffenden Werth Vberlassen, Auch da Sie Juden es ausserhalb ainem frembden ausser der Statt zu führen verkhaufft hetten den Burgern in den Khauff zu tretten frei gelassen werden solle.

Zum fünffzehenden Sollen Sie Ihr von alters hero gewöndliche gelbe Zaichen Vnuerdekht tragen.

Zum 16. Sollen Sie verzihlete Schulden ohne aines Erbaren Stattgerichtes Vorwissen in erkantnus nicht khauffen.

Zum 17. Sollen die Judentänze über Acht vndt Neun Uhr resp. zu Wintters vndt Sommerszeitten sich nicht erstrecken, auch alles Vnzimbliche geplär vndt Jauchzen vermitten bleiben.

Zum 18. Soll niemandt des Wechsels oder sonsten Khauffens vndt handthierens wegen (in welchen Sie sich alles fürsetzlichen Betrugs bey ernster Straff zu enthalten) ohnbeschaidenlich anlauffen Sondern bis sie berueffen werden erwarten vndt sich aller staigerung der Münze vndt was sonst dissfahls in des heil. Raichs hailsamen Verfass vndt Ordnungen verbotten bey ohnnachlässlicher Straff, genzlich muessigen, yedoch soll

Ihnen Vnbenommen sein, da von Yemandt der Wechsel an sie gesonnen werde für Ihr muehe ain leidliche vndt pillichmessige ergezlichait, welche auf den fall, bey eines Ersamen Raths erkantnus vndt messigung stehen soll anzunemen.

Zum 19. Sollen alle Juden vndt Judinen, zur Wintters Zeitten als von Michaelis bis zu Ostern, vor Siben, zur Sommers Zeit aber vor fünff Uhren aus Ihrer Gassen nicht gehen, Vnd zu abendt Winters Zeit Vmb fünf Uhren, Sommers Zeitt aber Vmb acht Vhren wider in Ihre Gassen gehen, bey Straff aines guldens, Yedoch raissende Personen vndt leibesnot hieuor aussgeschlossen, Inmassen dan Jene, durch etliche gewisse Judinen auch vor vndt nach bestimbter Zeitt die Müllich zu Vnderhaltung der Khinder vndt sonsten abzuholen Vnbenommen, wie auch die Juden da sie schon Vber ein Viertl nachgesetzter Stundt ausser Iren Gassen betretten wurden, nicht gefährt, auch kainen Burger auf den fahl Vbertrettens, erlaubt sein soll ainige Thättlichait wider Sie Juden fürzunemmen sondern soll solches der Oberkait angezaigt vndt von derselben die Straff vorgenommen vndt angezogen werden.

Zum 20. Souil das Brantweinprennen anraicht soll den Juden frey stehen, Iren Brantwein, so vil Sie dessen zu Irer Notturfft bedürffen von dem Wormser Bendermaister brennen zu lassen, oder aber denselben in Irer Gassen selber zu brennen vndt zu gebrauchen, doch dass Sie ausser der Gassen dauon niemanden nichts verkhauffen.

Zum 21. Sollen Inen mit Newen fassern zu handeln nicht erlaubt sein, alte fass aber, welche Ir aigen sein, oder Sie an Schulden angenommen, sollen Sie wiederumben zu uerkhauffen macht haben.

Entlich vndt zum 22. sollen sie sich des Weinzapfens gegen den Christen vndt ausserhalb der Gassen auch genzlich enthalten.

Wann wir Vnns dann die gewisse Hoffnung machen, das durch obgeschribne Ordnung vndt Stettigkeit der gemainen Burgerschafft zu Wormbs nichts geschadet werde, Alss ist Vnser entlicher Will vndt Mainung, da es bey mehr gemelter Diser Ordnung verbleibe vndt demselben von den thailen steiff nachgelebt werde. Doch behalten wir uns beuor, da über khurz oder lang durch Vnns oder Vnsere Nachkommen am Reich Rö-

mische Kaiser vndt Könige in gemainen Reichstagen oder sonst
wegen der Judischhait Irer Nahrung, handtierung vndt Wan-
dels halber, enderung oder Mass im heyl. Reich fürgenommen,
Vnd darüber sondern Newe oder verpesserte Ordnungen vndt
Sazungen zu machen nöttig ist befunden werde, das wir Vnns
desselben nichts begeben, sondern solche enderungen In vndt
allweg nach gestalten Sachen, ins Werckh zu sezen reseruirt
haben wollen. Inmassen wir Vnns oder auch in specie erklä-
ren, das dise Yezt gemachte Ordnung, denen zu Speyr an Vnseren kaisserlichen Cammergericht, alberait eingefürten gerichtlichen Processen; Wie dann des Bischoffs vndt Capituls der
Camerer zu Thalberg vndt der Statt Wormbs habenden gerechtigkaiten, freyhaiten, begnadingen vndt Privilegien Item der Juden selbst angezogenen sonst habenden Rechten vndt alten herbringen vndt sonst meniglichen an seinen Rechten nichts perin-
dicirlich oder Nachtailig sein soll, getreulich vndt ohne geuerde.
. Mit Vrkundt diss Briefs besigelt mit Vns. kays. anhangenden
Insigl.

Prag, 22. februarry 1617.

Matthias   ad mand.
Ludwig v. Ulm.   Rudolff Pucher
                      Kalhardt.

Beilage XXIV.

(Frankfurt 16. Sept. 1619.)

Der Röm. Kays. Maycat Vnnserem allergdstn Herr ist in
Vnterthänigkeit vorgepracht worden, wassmassen bey derselbigen N. die gemeine Judenschafft in Ihrer Mt vndt des heil. Reiches Statt Wormbs gesessen, Vmb Confirmation vndt Bestätigung Ihrer von Weilandt vorigen Römischen Kaisern vndt Königen Christmiltesten gedechtnuss, erlangten Priuilegien vndt
freyheiten diemuettigst angeruffen vndt gepetten haben,

Darauf geben höchsternente k. M. für dissmahl mit Gnaden
zum bescheidt, dass Sie, zu Dero Ankunfft an Ihr k. Residenz
vndt hoflager nach wider eröffnung, die noch zur Zeit gesperr-
ten Reichshof Canzley Archivi vndt Registraturen die hieuor in
obberuerten Sachen einkommne Acten aufsuechen dieselbe in
reiffe vndt vleissige erwegung ziehen lassen vndt sich auf befindung zur gepür entschliessen wollen.

Vnter dessen ist Ihrer k. M. gnedigster ernster Beuelch an
all vndt yede, was würden, Standt vndt Wesens die sein, für-
nemblich aber an N. Burgermister, Schöffe, Rath, auch gantze
Burgerschafft vndt Gemaindt obiger Statt Wormbs dass Sy
mehrbesagte Judenschafft ins gemein vndt absonderlich an Ihren
leib vndt Guettern, Gewerb vndt Nahrung vndt was dem allen
mehr anhengig bey vermeidung vnnachlässlicher Straff vndt deren in abgehörten Priuilegien vndt freyheiten bestimbten vndt
gesetzten Pönen allerdings vngehindert, vnangefochten vndt vn-
betrengt wohnen, handlen wandlen vndt verpleiben lassen sollen.
Signatum zu Frankfurt vnter Ihrer k. M. aufgetruckten Secret Insiegel den 16. 7bris 1619.

Beilage XXV.

Confirmatio inbegriffener Ordtnung für die Judenschafft zu Wormbs.
Wien 28. Nov. 1641.

Wir ferdinandt der Dritte etc. bekhennen offentlich mit disem Brief vnd thun khundt allermenigelich, alss bey Vnnss gemaine Judenschafft zu Wormbs sich allervnderthenigst beclaget,
das Stättburgermaister vnd Rath daselbsten vermög einer auff-
gerichten newen Judenordtnung Sie mit allerhandt newerungen,
alss staiger- vnd Erhechung der Ordinari Schazung, Hausszinss,
Angelt, Haubtrecht, Kauff- Einschreib, Schloss vnd Mezelgeldt
vnd sonst in andern mehr Weg wider altes herkhomen beschwert
vnd vmb Vnser kays. hilf schutz vnd handthabung gehorsambist
angeruffen vnd gebetten haben. Wir darauf nit allein wider besagte Stätt-Burgermaister vnd Rath vnser kayl Poenalmandat,
So dan nach fleisiger Erwegung der auf seither ermelten Rathes
eingebrachter vnderschidlicher schriefftlicher Behelffen, Vnsere
vierte kayserliche Paritori Vrthl, zu würckhlicher abschaffung
der geklagten Newerungen erkhennet vnd aussgehen lassen,
Sondern auch weilen wir in volführung dieser Sachen abgenomen, das alle oberzehlte Beschwerten aus der von dem Rath
selbst auffgerichte Judenordnung, dem (Titul) Churfürsten zu
Maintz vnd Comission aufgetragen zuuorderst vber solche ordtnung in was Puncten nemblich dieselbe dem alten herkhomen
vnd der pilligkhait zuwider geändert sich fleissig zu informiren
vnd alsdann eine newe Judenordtnung Jedoch auf Vnnsere al-
lergdst Confirmation zuuerfassen.

Vnd nuhn hierauff obgedachtes Churfürsten zu Maintz L.
Vnss zu gehorsambist gefelligen Ehren diese Comission auf sich
genohmen, auch wie aine neue Ordtnung der Zeit aufgerichtet
werden möchte, ein vnfürgraifliches proiect gehorsamblich ver-
fasst vnd eingeschickht. Alss haben wir nit allein solches proiect sondern auch dasienige, was der Rath zu Wormbs dagegen
lecipiendo vor vnd angebracht in reife Berathschlagung ziehen
mit voriger alten Jüdischen Ordtnungen alles Vleisses conferiren vnd darauff vnnsere kayl. Confirmation beeden thailen zu
endlicher nachricht, auch steiff vndt vester Haltung verfertigen
lassen Inmassen vor Puncten zu Puncten hernachfolgct.

1. Erstlich sollen die Juden, souiel dero anietzo in der
Stadt sesshaft vndt hiernehist vff nachgeschriebener maass vndt
Ziehl noch künfftig möchten auffgenomen werden, biss zue Auss-
gang zwischen Herrn Bischouen zue Wormbs sampt dem Aden-
lichen Geschlecht von Dalberg allss Interessenten vndt der
Stadt Wormbs ahngefangenen Rechtsfertigung imperturbirt, vndt
ohne fernere betrangnus vndt beschwernus vndt bey Ihrem Mo-
saischen gesetz ruhiglich gelassen, alda gedultet vndt von Einem
Rath vnd gemeiner Stadt Wormbs beschirmt vndt geschützt
werden.

2. Sollen die Juden in allen Ihren thun vnd lassen handel
vndt Wandel sich also bezaigen, damit Sie zue einigem vnwil-
len Ihro fürstl. Andacht zu Wormbs deren Clero vndt gemeiner
Statt vndt Burgerschafft tam in publico quam in priuato nicht
abnlass noch Vrsach geben.

3. Soll Ein ieder Judt oder Jüdin ein gelber Ring oder
gelbes Zaichen ihn seinem Mandel tragen, wie auch einen gewissen Schildt vor seinen Hauss ausshangen, in Vnderlassung
dessen iedess mahl ein halben gulden straff anlegen.

4. Soll die gemaine Judenschafft, Einem Rath die Ordentliche Jährliche Schatzung von einem jeden hundert fl. einen halben gulden vndt beneben Einen Reichsthaler Schutzgeld iedes
haussgesess vndt hausshaltung Jährlichs vff Nicolai erlegen vndt
dass ein ieder Judt, recht vndt rings nicht, denn sein Vermögen
sich ietzundt in praesenti erwisslichen erstrecket, verschätzen.

5. Vor Schutz vndt Nachtgeldt, frembder Juden vndt Studenten soll die gemeine Judenschafft Jährlich entrichten zwantzig Reichsthaler vnndt soll der Judenrath oder Vorgeher der

Judenschafft, dem Stattrath ein richtige Verzaichnus der Aussländischen, so sich alda auffhalten alle Monath eingeben, bey straff zehen gulden; da auch ein Jude mit der gefängnus solte gestraft werden soll er fünff batzen Schlossgeldt geben.

6. Dass Einschreib: oder Einzug geldt belangendt, sollen die Jehnigen so mit Ihrem gantzen Haussbalt sampt weib vnd Kindt sedem et domicilium transferiren vnndt von andern Ortten hero sich in der Statt Wormbs nieder zu thun gemeint, solchen Einzug zuuorderst Einen Rath ahnkündigen vnd erlangen vndt zum wenigsten fünff hundert Gulden werth zuuerschätzen einbringen vndt zuuor gemeiner Statt, wegen solches Einzugs sechzig goldtgulden; So aber ein Witwehr oder Witfrau dahier heurathen, dass paar Volckh zwantzig goldtgulden, Ein ledige frembde Person, so sich aldahin verheurath, dass Paar zwölf goldtgulden, zwey Inheimische so zusammen heurathen Sechs goltfl erlegen; Vndt soll ein jeder Judt Inheimischer oder frembder zur Zeit seiner Verehelichung, wan er begert in die Zahl der Judenschafft ahngenommen zu werden, sich ahnmelden vndt zum wenigsten wié obgedacht fünff hundert gulden Vermögen vnd verschätzen.

Auch sollen sechs Eltiste der Judenschafft schuldig sein die frembde vor Ihrer Auffnahme, zu beybringung Scheins Ihres Verhaltens vndt vermögens abnzuhalten, wie nicht wenigers auch sonsten solcher Person halber, soniel Sie in erfahrung bringen mögen bericht zu thun; Vnndt wann von Sechs des Judenraths, selbiger zukommender Person halber Ihres thuens vndt wissens, wirdt schrifftliche Zeugniss beybracht seyn, sollen alssdann dieselbe vff- vndt angenohmen werden, da auch die Einhaimischen Juden Ihre Kinder verheurathen mögen die Eltern Eins zwey oder drey Jahr zum lengsten bey sich in der Kost behalten, soll aber solches Paar nichts desto weniger seinen Reichsthaler jährliches Schutzgeldt erlegen.

7. Wegen dess gewöhnlichen Hausszintz, so die Juden abzustatten schuldig soll derselben Hausszintz wie in Ao 1615 entrichtet werden, wie sie sich dan ietzund desswegen mit Einander nach besag vnndt vermög beeder seithe darüber auffgerichter, vndt in handen habenden Registern vereinigt vndt verglichen vndt allerdings ins künfftig ohnersteigert verpleiben, vndt von den Juden nach Inhalt solcher verzaichnung beneben deme

darauff hafftenden Grundt vnndt Bodenzinnss auff Nicolai richtige Lifferung beschehen vndt da vnderschiedene Hausshaltungen bey einander vnder einen Tach wohnen werden, soll der
Principal vnder Ihnen vor solchem Hausszinss stehen, vndt denselben aussrichten, vndt sich desswegen der beywohnende mit
Ihnen zu vergleichen, vnndt sollen die Juden die Heusser nicht
deterioriren verwisten oder ohne Vorwissen vndt Bewilligung
eines Rath abbrechen oder verendern; sondern dieselbe vor
sich in guttem Bau, Tach vnndt Vach erhalten; darüber dan
der Rath durch Ihre Baw- vundt Werkmeister auffsicht haben
kan.

8. Es sollen die Juden hinfüro, vom Spitahl, Backhaus
Sandt- oder Kirchhoff, Baadt, Schul vndt Dantzhaus vnndt andere gemeinen Heussern Viertzig goldgulden Jährliches zinns
ebenmessig auff die Nicolai erlegen vndt selbigen in Ihrem wessentlichen Baw zu Ihrem gebrauch erhalten;

9. Es mögen die Juden einen Hochmeister oder Rabbi,
einen Senger, einen Schechter vndt Wechter haben; vnndt soll der
Rabbi vnndt Juden Rath wie von alters hero, in sachen so Ihr
Mosaisch Gesetz vndt Ceremonien betrifft, vndt sonsten in Personahlsachen so Sie vntter sich selbsten gegen einander zu thun
gewinnen, vnndt mora ciuilia seint, zu schlichten vndt zu richten macht haben; Jedoch weiter nicht alsz Ihnen von Bischoff
Emerichen zugelassen worden, vnndt Sie zu richten Aydlich verbunden vndt den Jüdischen Partheyen, da sie sich ahn deren
Vrtheil nicht genügen lassen wolten, bey andern vnpartheyschen
Juden Ihr ferner Recht zu suchen ohnbenohmen, oder dass es
strittigkheiten, deren decision in den gemeinen Rechten begriffen, gleichwie den Burgern der Stadt Wormbs von dem Statt
Raht an dass bischofflich hoffgericht die Appelation zugelassen
sein, hiengegen aber grobe Schlagerey alss fliessende Wunden
vnndt andere Criminalsachen zu richten oder zu straffen, soll
der Juden Raht nit allein sich gentzlich enthalten, sondern auch
dergleichen Delinquenten vndt Verbrecher fassen vndt möglichsten vleiss bey der Handt zu behalten vnndt ahnzubringen verpflicht, schuldig vnndt verbunden seyn. Ahnlangendt aber insonderheit diejenige, welche verbottene aufwechsslungen der
gerechten Münzsorten vndt auf frembde Müntz verbottenen handirens sich beuleissen soll einem Rath gegen solche gesellen

benorab, welche per viam inquisitionis oder sonsten erkundigt
werden, ziehmende ernste Bestraffung iederzeit vorbehalten sein;
da jedoch die Judenschafft vor sich ohne dess Raths vorlassen
vndt beuelch dergleichen Verbrecher erkundigen vndt ergreiffen
würdt sohl Ihnen den Juden die Bestraffung sofern zugelassen
sein, dass von der straff zue des Raths Rechenstuben, Jahrlichs
vff Nicolai die helffte neben einer Verzaichnus oder Rechnung
geliffert, vndt von dem Juden Rath der ander halbe theil dauor
einbehaltten werde.

10. Soll den Juden auff dem Mark Ihre Leibesnahrung in
der Statt früh vndt spaath, Ihrer notturfft nach zu kauffen, Ihrer
Handtierung vndt handlung (iedoch vff gewisse maass vndt Ziehl,
wie folgt) abzuwartten, ohnbenohmen, Ingleichen bei den Bürgern vndt Innwohnern der Stadt Wormbs, milch zu Ihrer heuss-
lichen notturfft, ieder Zeit zu holen vndt zu kauffen ohnuerwehrt
sein, auff dem fisch Marck aber vor 8 Uhre nichts zukaufen gestattet sein.

11. Wass dass fleisch Metzgen vndt Ausshacken betrifft,
sollen die Juden nach Ihren Jüdischen Ceremonien, in Ihren
Gassen zu metzgen, vndt dass Jhenige Vihe so Ihnen zur Zei-
then Ihrem Gesätz nach, missräthig fallen würdte, wie nicht
weniger die hinder Virthel von dem gerathenen Vihe zu Pfunden, Viertel, halb vnd gantzen Centnern, sowohl frembden alss
Burgern in Ihren gassen zuuerkauffen macht haben, doch der-
gestaldt, dass den Burgern allerwegen der Verkauff gelassen,
vndt alles Rinder oder Ochsenfleisch, so Sie mit gantzen Zent-
nern ahn einem stück verkauffen, den Käuffern in gemeiner Statt
Kauffhaus, gegen entrichtung gebührlichen Waggeldes darge-
wogen werde, Vndt sollen hinfüro mehr nicht allss fünf Juden
Metzger, in Ihren gewöhnlichen Judenheussern vndt keinen andern, oder bestandenen Hauss, dass Jahr Vber fleisch zu metz-
len macht haben bey zehen gulden straff; Vndt solle einem Jeden Juden zu seiner selbsteigenen Hausshaltung, souiel er vonnöthen, vndt vor sich behalten werdt, ohne entgeldt zu schlachten macht haben; auch sollen die Juden wie dass fleisch, also
auch die Haudt sowohl frembden alss Burgern zu verkauffen
macht haben, doch dass der Burgerschafft vor den frembden
Jederzeit der Verkauff in pilligen preiss gelassen werde.

Dass Vnschlitt aber was sie nicht selbst verprauchen, son- .

der verkauffen, sollen Sie allein under die Bürgerschafft zuuerkauffen schuldig sein; Würde Ihnen aber ahn Vnschlitt wass
vperbleiben, so Sie vnter die Burgerschafft nit verhandlen kon-
ten, sollen Sie solches aussgelassen in dass Kauffhauss liffern;
wo es Ihnen iederzeit in dem preiss vndt werth, wie der Stadt
Metzger Meistern bezahlt soll werden. Fremde Juden vndt
Metzgern soll verbotten sein vndt keineswegs gestattet werden,
fleisch nach Wormbs in die Judengassen zu fahren oder zutra-
gen, daselbige alda zu verkauffen, bey Verlust des Fleisch.

12. Es sollen die Juden Wein vndt Bier vnder Ihnen selbsten massweiss ausszuzapfen, aber keinen Wein vndt Bier massweiss, ausserhalb Ihrer Gassen, oder Christen bey Ihnen Wein
zapfen zutrinken macht haben vndt sollen vor gewöhnliches Vn-
geldt entrichten zwey hundert Gulden.

13. Den Weinkauff vndt Weinhandel betreffendt, sollen die
Juden in Herbstzeithen nach Ihrem belieben Vngekälterten Wein
zukauffen oder gekälterten Wein ahn schulden ahnzunehmen,
gegen abrichtung Statt Zoll vndt anderer gebühr, gleich den
Burgern vndt denselben Wein maniglichen zuuerkauffen macht
haben, aber lauter gekälterten Wein sollen die Juden im Herbst
oder nach dem Herbst von den Christen zukauffen gentzlich
sich enthalten vndt Ihnen nicht zugelassen werden, ausser wan
einer ahn einer Schuldtzahlung, wie gemeldt, gekälterten Wein
empfangen, soll er selbigen Wein gegen abrichtung gebührliches
Zolls vndt anderen Schuldigkeith nach seinem Belieben, wiederumb zuuerkauffen macht haben, doch sollen die Burger zue solchen Weinkauff die nehigste sein vndt ehe der Wein liffert
oder gezogen werdt iedes mahls die lossung halber, von den
Weinheffen vndt Pressen so viel Sie Juden von Ihren Weinen
haben, ist Ihnen in Ihrer gassen zu brennen zugelassen; aber
Weinheefen von den Christen zukauffen oder von denselben
vmb Lohn zubrennen nit verstatt sein vndt soll Ihnen mehr nicht
als vier Braukessl zum Brandwein in Ihren gassen zu halten
erlaubt sein, vndt dass Sie von iedem Kessel dem Rath vndt
gemeiner Statt Vier Reichsthaler Jahrliches erlegen vndt die
Kessel der feuerordnung gemess also versehen vndt verwahrt
seyen, dass dardurch kein Schaden zugefüget, Auch von Ihren
gebrandten Weinen vnder Christen, frembde oder Inheimische
nichts wieder verkaufft werde, Vnder die Ihrige aber auch ahn

andere Arth, von solchen gebrandten Weinen zu überlassen vndt
zuzuführen soll Ihnen erlaubt sein.

14. Fruchtkauff belangendt soll kein Judt auff dem Marck
mehr allss er zu seiner Hausshaltung vonnöthen zukauffen macht
haben. So aber ein Judt oder Judin ausserhalb der Stadt bey
den Vnderthanen auff den Landt früchten zu kauffen in- oder
ausserhalb der Statt zu verführen vndt wider zu verkauffen willens ist, sollen Sie solches gegen abrichtung Ordentlichen gewöhnlichen zolls vndt anderen Burgerlich Schuldigkeithen macht
haben vndt vnuerwehrt sein, doch sollen die Statt Becker vndt
Burger zue solchenn fruchte wan selbige verkaufft werden, al-
zeit den Vorzug haben.

15. Den Juden soll auff den Jahrmarcken offentlich vndt
nit heimblich in den Stätten auch eher nicht als vmb 9 Vhre
oder an Vihmarkt nach endtrichtung dess bestimpten Vnderkauff-
geldts zukauffen erlaubt seyn.

16. Sollen die Juden den Burgern oder denen so der Statt
Wormbs zuuersprechen steen kein Geldt leihen auff Harnisch,
Büchsen, Spiess, Helbarten, Schwerdt oder dergl. so zu der
Wehr gehört, wie nit weniger auff keinerley handwercksgezeug
oder Instrumenta. Vielweniger aber sollen Sie dergl. ahn sich
erkauffen bey Verlust der Schuldt vndt dess geldts vndt darzu
zehen gulden straff. Weiter sollen sie auch weder man noch
frawens Person, auff Weiber Kleider oder dero Zierath es sey
ahn silbern Gurtel, Messerscheiden, Ringen vnndt andere ge-
schmeidt etwasz leihen oder dergleichen ahn sich kauffen; es
geschehe das solches mit beeder Eheleuth guttem wissen vndt
willen, alles bey verlust der aussgeliehenen Schuldt oder Kauff-
geldts. Ingleichen sollen Sie auch keinen Burger oder Angehörigen auff ligende Gütter etwass leyhen vielweniger dieselbe
aigenthumblich ahn sich erkauffen, bey Verlust dess aussgeliehenen geldts, auch soll auff solche Verpfendung, vndt darüber
besagende Handtschrifften, durch die Amptträgern vndt Stattgericht nicht erkandt noch zur Execution geholffen werden.

17. Sollen die Juden alle gestohlene Sachen, die seyn gross
oder klein, wenig oder viel zukauffen sich enthalten vndt da
Ihnen etwas heimblich oder offentlich zuepracht wirdt, daßs
entweder einem Kirchengewandt oder Ornat ähnlich, oder mit
Blueth befleckt oder noch nass, ahn aussgetrucknet leynwandt

oder mit frembden Zeichen oder Wappen bezeichnet oder solche
Zeichen vndt Wappen dauon ausgekratzt oder mit vleiss verdunkelt wehren, sollen Sie dergleichen Sachen, wie nit weniger
auch andere so Ihnen von Statt oder Landts verdächtigen Persohnen oder Dienstbotten zugebracht werden möchte nicht kauffen sondern dieselbe verdächtige Personen bey dem Rath anmelden oder aber selbige Sachen nach befindung dess Dieb-
stahls ohne entgelt zu restituiren schuldig sein; die seyen gleich
frembde oder Inheimische entwandt oder durch Schulbandt
(welches Sie iederzeit vff erforder zu thun schuldig sein sollen)
oder in andere Weg erkundigt vndt befunden werden. Würde
aber sonsten etwas hinder Ihnen befunden so einem andern
frembden oder Inheimischen zustendig vndt entwendet, oder
ohne das Schulbandt erkundigt vnd wieder ahngetroffen wehre
worden, sollen die Juden auch selbiges es seye Ihnen gleich verkaufft oder versetzt ohne wiedererstattung darfür aussgelegten
Geldts dem rechten Herrn zu behendigen schuldig seyn; Wehren aber solche Sachen durch Schulbandt erlernt vndt befunden
sollen Sie dasselbe anderst nicht alss gegen erstattung Ihres
aussgelehnten Hauptgeldes doch ohne Interesse wiederumb folgen zulassen, ahngehalten werden, iedoch mit solcher Beschei-
denhait, dass nemblich vnter dem Wort „Schulbandt" allein verstanden vnd begriffen seyn, wass man durch erlaubnus der
Amptragern, vndt nachsuchung dero Diener mit sampt dem jüdischen Schulklepper in der Judengassen, wie breuchlich er-
kundiget. Jedoch dass solcher Schulbandt innerhalb Acht wochen von Zeit des Verlustes begert vndt ahngelegt werde vndt
nach verflossener solcher Zeit selbiges Verlustes halber kein
schulbandt mehr ahngelegt werde. Vors ander, dass sowohl die
Haab, allss Personen dessen, der Sie verkaufft oder versetzt,
also gestaldt vndt beschaffen sey, dass dabey kein Diebstahl zu
argwohnen oder zuuermuethen, dan sonsten solches falls der
Judt die entwendte sachen, ob Sie gleich mit Schulbandt wehren verkündigt worden, entweder ohne entgelt vndt Erstattung
seines aussgelegten geldts wieder geben oder vermittelst Leiblich Aydts sich entschuldigen vndt purgiren soll, dass er nicht
vmb den Diebstahl wissen gehabt, auch die Person also beschaffen gewessen, dass dabey seines theils kein Diebstahl mögen vermuethet werden. Vndt damit dan auch ein ieder beson-

ders die freinbdten seiner entwandten vndt gestohlenen haab
desto besser vndt aigentlicher nachforschung vndt erkundigung
haben mögen, so soll wie von alters herkommen eines jeden
Juden hauss in der gasse seinen besondern nahmen vndt auss-
gehenkten Schildt vndt Zeichen haben, bey verlust vndt poen,
wie oben beym dritten Articulo gemelt, so offt ein Judt in solchem fall seumig vndt brüchig befunden wirdt. Werdt dan auch
Endlich ein Judt wie vor ahngedeutet Jemandt alss verdechtig
ohne bosshafften vorsatz ahngeben, vndt sich hernach also die
sach nit finden würde, soll derselbe dessen nit entgelden sondern dess gebührenden Schutzes geniessen.

18. Sollen die Juden gar keine Pfänder, ob Sie gleich nuhn
ein oder Zween oder drey guldten darauff geliehen hetten vor
sich selbsten behalten vnndt verkauffen, Ihnen seyn dan zuuorderst dieselbige durch die Amptträger adiudicirt vndt heimber-
kandt vndt selbiges geringes Interesse halben diesser ordnung
gemeess mit dem Debitore sich vergleichen vndt doch auch diess
mit folgender maass vndt bescheidenheit, dass Wahre vber zehen
gulden auff ein Vnderpfandt geliehen worden, dassselbe zuuorderst in dass Gerichtsbuch ingeschrieben vndt nach Gerichts-
brauch verkaufft werden soll. Wehre aber vnder zehen gulden
auff ein Vnderpfandt geliehen vndt durch die Herren Amptragern dem Juden daselbe heimerkandt, soll solches durch ge-
schworne vnderkauffen leidt- vndt pilliger massen estimirt vndt
der Judt wofern er dass Pfandt vmb den estimirten Werth,
behalten wolle, zu herausssgebung dess Vberrestes ahngehalten
werden, oder dem Herrn dass Pfandt solches vmb die ge-
schetzte Summa bahr zu lössen erlaubt, vndt also poena Comissi
allerdings verbotten seyn vndt vermitten pleiben. Dabey Ihnen
Judten zugelassen ist, so einer wahre die seyn mit Ihnen handlet vndt etliche wahren den Judten verkaufft, mit den Beding,
dass der Verkauffer, vmb ein bestimpten vndt bewilligten Kauff
wiederumb ahn sich zukauffen begehren thete, vndt desswegen
einen schrifftlichen Schein vndt bekandnus mit einander auff-
richten, dass solche schrifftliche recognition vndt handtlung gültig vndt cräfftig seye.

19. Sollen die Juden Ihre Schuldten, damit die Burger vndt
andern, so dem Rath zuuersprechen stehen, Ihnen verhafft sein
keinen andern inheimischen oder ausländischen Christen oder

Juden verpfänden oder verkauffen bey Verlust der Schulden,
ahn Zahlung aber mögen Sie solche Schulden sofern Vbergeben
vndt Cediren wan der Debitor vnndt Schuldtner in solche Vber-
gaab willigen vndt also die Cessio, mit dess debitors wissen
vndt willen, oder sonsten durch Gerichtliche adiudication geschehen werde.

20. Sollen die Juden fürterhin den Burgern vndt der Stadt
ahngehörigen Spruchs verwandten, zue Liebnuss oder Interesse
mehr nicht alss Jahrliches von hundert gulden, so auff Vnderpfandt dargeliehen vndt Confessat weiss verschrieben seint, Acht
ohne Vnderpfandt aber zehen gulden nehmen, gestalt auch Ihnen
ahn dem Stattgericht oder durch die Amptträger mehr nicht mit
Vrtheil zuerkandt, oder von Amptswegen verholffen werden soll.
Vnndt sollen alle Juden vndt Judin hierbey mit allem ernst erinnert seyn kein Interesse zum Capital zuschlagen auch kein
Interesse von Interesse noch vnder einen andern sein vndt nahmen ein mehreres allss obgemelt zunehmen, alles bey Verlust
der Schuldt vndt aussgeliehenen gelder.

21. Es sollen allein dieienige Obligationes, welche vor dem
Stattgericht oder dessen darzu verordneten Schöpffen vffgericht
worden, Krafft vndt würckung eines rechtmässigen Confessats
haben vnndt damit vmb so uiel mehr aller betrueg vndt gefahr-
lichkeiten bey verleyhung vndt auffrichtung der gerichtlichen
Oblivationum verpleiben vndt verhuetet werden mögen. Sollen
die Juden Jederzeit vor besagtem Stattgericht oder in der verordneten Schöpffen vndt gerichtsschreibers gegenwarth dem
Burger vier andere der Statt angehörige sampt dessen haussfrawen, da er eine hette, dass geldt darzehlen vndt die Schöpffen vleissig auffmerken, dass die Darzahlung redtlich geleistet
vndt kein bösse Müntz vndergeschleiffet, oder sonsten mit ein-
mischung dess Wuchers zum Hauptgueth betrüglich gehandlet
werde, zue welchen auch dan die Schöpffen sowohl vom Christen vndt seiner Haussfrawen, allss auch dem Juden handt ruw
ahn Aydesstatt nehmen sollen, dass kein Wucher oder Vortheil
zum Hauptgeldt eingeschlagen, sonder alles redtlich contrahirt
geliehen vndt bekanndt seyn, vndt insonderheit sollen der Christ
vndt seine Haussfraw bekenen, ob dass entlehnte Geldt zu Ihrer
bescheinlichen notturfft (welche Sie mit Vmbstenden vermelden
sollen) ahngelegt vndt verwendet soll werden, dan sonsten solche

Verleyhung vndt bekandtnus nicht nachgegeben nach befunde-
ner pilligkeit aber zugelassen vndt in ein sonder protocoll vndt
willkhürbuch, richtige vndt vleissige mit nothwendigen Vmb-
standen ietzgemelter der entlehnten specificirten notturffen, zu
sampt der bestimpten Zeit des anleyhens vndt bewilligter bezahlung hauptgeldts vndt zugelassenen vorgemelten Interesse,
verzeichnet werden soll, So dann die Zeit der gesetzten Bezahlung erschienen vndt der Burger oder ahngehörige seumig seyn
werden, soll derselbe durch die verordneten Gerichts Schöpffen
beschickt vndt zur Zahlung ahngewiessen, vndt Abzahlung des
Hauptgeldts vndt Interesse durch die Gerichtsschreiber verzeichnet werden. Würdte aber der Schuldtner dass Hauptgeldt seiner gelegenheit vndt notturfft nach lenger begeren, mit der Juden willen anstehen zu lassen, so soll dass vffgelassene Interesse
in dess Leyhers beysein abgerechnet, also balden vergnüget
vndt nachmahls dass hauptgeldt wiederumb von Newem, damit
wucher auss wucher nit erwachsse vndt der bürger zu ohner-
träglichem schaden, durch sein selbst fahrlässigkeith nicht gebracht werden, mit vorahngeregten Vmbständen annotirt vndt
beschrieben werden. Dass alles aber soll von gemelten Schöpffen
nicht zugelassen oder eingeschrieben werden, es erscheine dan
zugleich auch wie obgemeldt, dess Burgers oder ahngehörigen
Haussfraw vndt erkene sich zu solcher Schuldtmachung frey
gutwillig vndt ohngenöthigt, mit Begebung vndt Verzicht Ihrer
weiblichen freiheit, wie auch anderer gestaldt diesse Schulden
nit Crafft oder würcklichkeit haben sollen; Ingleichen soll es
auch mit vnmündigen Pflegekindern, so von der Statt bevor-
mundet seindt vndt allen den Jehnigen so Curatores bonorum
haben ohne Verwilligung vndt Einschreibung Ihrer Vormünder
vndt Curatorum gehalten werden vndt von jedem solchen Confessat soll der Judt zween albus zahlen, dauor dem Gericht-
schreiber ein alb vndt beeden gegenwerthigen Schöpffen ein Alb
vndt dann der dritte, welchen der Burger vndt ahngehörige zu
erlegen, schuldig in dass Gerichtsbuchs gehörig sein soll. Wann
aber die Schuldt wirdt aussgethan, soll der Schuldtner denselben Kosten, wass ieder Zeit gebreuchlich vndt gemässigt erstatten auch vor jedes Vorgebott dem Pedellen seiner selbst
aigener saumnus wegen vier Pfenig erlegen vndt entrichten,
Vndt diess angeordnete Juden Schuldtbuch soll allein wie vor-

gemelt Crafft eines rechtmässigen Confessats vndt Wildtkühr
haben, darauff bey dem Stattgericht nach Aussweissung der
Reichsordnung, gericht vndt geurtheilt soll werden. Es soll
gleichwohl dabeneben den Juden vndt Judin nicht abgestrickt
sein, den Burgern vndt Stattangehörigen auff priuat handtschrieff-
ten (die doch allerwegen entweder durch den, Debitoren selbsten vnderschrieben oder vor Notarien oder sonsten glaubhaff-
ten Zeugen vffgericht seindt oder sonsten einige crafft nicht haben, noch ichtwass beweyssen sollen) zu leyhen, wie Sie sich
dann auch mit gnugsamer Burgschafft den Rechten gemess
können versichern lassen. Wan aber solche Handtschrifft ahn
dem Stattgericht würdt gerechtfertigt, so soll der ahnleyhende
Judt zuuorderst einen leiblichen Eydt schweren, dass die ver-
schriebene Suma geldts lauter haüptgeldt vndt kein Wucher
darin verwicklet, auch auff Zeit vndt mass wie in der Hand-
schrifft vermeldet contrahirt vndt geliehen worden sey vnndt
aber gleich also schwöre, so soll er doch nichts destoweniger
alss ein anderer blosser Chirographarius Creditor sein vndt gehalten vndt einer solchen Verschreibung iederzeit ein gerichtlich Confessat, ob es auch iunger wehre, vorgezogen werden;
Insonderheit aber sollen die Städt- vnd Burgermester auss dgl.
Handtschrifften herrührenden ohnbekandte, strittbahre, argwöhn-
liche Schuldtsachen vndter Ihrer gewaldt nicht nehmen, sonder
ahn dass Stadtgericht zu ordentlicher chist angedeuten erörterung verweissen vndt gelangen lassen. Wass aber bekandt vndt
ausfündig ist darumb mögen vndt sollen Sie von Amptswegen
den Juden nach gebühr vndt inhalt diesser Ordnung verholffen
sein Vndt gleicher Wais soll es auch mit Verkauffung verziehl-
ter Schulden gehalten werden, so den Juden von den Burgern
zu kauffen erlaubt ist, dass solcher Kauff vor obgemeldten
zweyen Gerichts Schöpffen fürgehen ex aequo et bono, nach
beschaffenheit der Ziehl beehndigt vndt bahre bezahlung gehandlet vndt dargezehlet, vndt dess Verkauffers haussfraw will
vndt Consens, dabey sein vndt eingeschrieben werden Vnndt
soll dem Verkauffer oder seinen Erben oder nähigsten Verwandten innerhalb vier Monathe solche verziehlte Schulden wiederumb ahn sich zu bringen, vndt ehe sich zulössen frey stehen.
hiergegen aber auch dem Juden, von seinem vor der lösung
aussgelegten geldt, landtleiffig interesse, alss fünff pcents so

lang die Lossungszeit wehret, von dem Lösser abgestattet werden, vndt diessem allen gehorssamblich vndt ohnbetriglich nachzukommen, bey Verlust dess ausgeliehenen oder vberliefferten geldts. Vnndt da sich in dgl. strittigen sachen einer oder der ander vber dass ahn Stattgericht ergangen vrtheil werde beschwert befinden, soll derselbige ad secundum instantiam ahn dass hoffgericht zu provociren vndt den Rechten gemess zu appeliren macht haben.

22. Den Juden sollen nachfolgendte Comercien zu Ihrer nottwendigen nahrung verstattet werden.

1) Ross Tausch vndt Verkauff, doch dass Sie, wie auch die frembde Juden Rosskamm, von iedem gulden einen Creutzer, so Sie inzwischen zweyen Jahrmessen bey Christen oder Juden in der Statt kauffen oder verkauffen, dem Rath zue Vnderkauff geldt geben, vndt solches Vnderkauffgeldt, Sie dem Kauffhaussschreiber iedessmahls getrewlich ahnzeigen vnd liffern sollen, bey straff iedesmahls zehen gulden.

2) Miedt- vndt Lehen Pferdt zu halten.

3) Mit den Jenigen Mobilien, so Ihnen versetzt vndt adiudicirt worden seindt zu handlen.

4) Mit allerhandt aussländischen Wahren, alss nehmblich rohe vndt bereithe heudt, vndt allerhandt Inheimisch oder Ausslandisch Lederwerck, Elendtsheudt vndt Elendts Geller, allerley Belz vnd futterwerk, bereit vndt ohnbereit, allerhand Seiden vndt Seidenwahren, Silbern vndt güldene Spitzen, Schnur vndt Busammt, silbern vndt gülden Stück mit Woll vndt allerhandt wollenen Düchern vndt so uon woll bereit vndt zugericht würdt, allerley Garirung von grob reinen Leinen geduch, Damast carirt vndt gebildt Leinen gewndt Leinen gesponnen Garn, Zwillich vndt allerley Barchent vndt Baumwoll, solche obgemelte Wahren, sowohl mit der Ehlen, alss mit dem Gewicht oder Stückweiss, ausslendisch vndt Inheimische zu verkauffen.

5) Mit Victualien, alss nemblich Salz, Budder, Keess, Schmalz, Heringe, Bükling, Stockfisch, gesalzen vndt gedorrten Lax, Blateissen, Essig, Baum vnd allerhandt Olig, gewürtz, Erbsen, Linssen, Hirschen, Reiss, Weissmehl, Craut, Zwiebeln, Knobloch, grün vndt gedorrt Obst vndt andere gartten gewächss vndt mehreres nichts, vndt solches allein in Ihrer gassen mäniglichen zuuerkauffen vndt in Ihren heussern vndt keinem öffent-

lichen Laden, ausserhalb Meesszeit vndt sonsten alles haussirens in der Statt sich enthalten, bey Straff zehen Gulden, es wehre dan ein frembde aussländische Adenliche oder sonst vornehme Standts Person so dergl. zugelassene Wahren begerte in die Herberg oder Lossament zu besichtigen vndt zukauffen Ihnen zuzutragen.

6) Mitt Vihe, iedoch, dass Sie innerhalb zweymal wegs, keines zum Wiederkauff einkauffen, oder den Burgern znuerleihen macht haben, Es soll auch einem eingesessenen haussgesess, wie vor alters, eine Kuhe auff gemeine Weidt mit dem Burger Vihe gegen entrichtung der gebühr gleich den Burgern ausszutreiben erlaubt sein, vndt dan wie ferner vorhero bey dem 15. Puncte gemelt ist.

7) Mit alten vndt newen Kleidern, doch dass Sie solche newe Kleider bey den Statt Schneidern vndt nicht vnder sich, oder ausserhalb machen lassen, ohne die Ledern Elendische Gellen vndt Kleider so ausserhalb gemacht werden.

8) Mit allerley Kupffer, Messing, Zinn, Bley, Glockenspeiss, alt eissen Werk, newe oder alte eusserne Ofen, Weinstein, selbiges sowohl mit Pfunden als mit Ctrn zu verkauffen.

9) Mit Honig, Wachs, gezogene Lichter, Vnschliet, wie oben wegen des Vnschliettes beym Elfften Puncten meldung beschehen.

10) Mit allerhandt Bruchsilber, auch gemachter gulden vndt Silber arbeith vndt Kleinodien, mit dem Beding vndt Anhang, dass Ihnen zwar ohnbenohmen sein soll, Inheimischen vndt frembden (bey welchen nit vermuthet wirdt, dass Sie zum Tiegel vndt wider verschmeltzen Goldt vndt Silber einkauffen) ein oder mehr Stüek gemachten Goldt oder Silbers, so Sie auff den Kauff machen vndt aussfertigen lassen zuuerkauffen willens auch der Reichs Constitution vndt Verfassung zuuerkauffen nachgeben, sollen Sie iederzeit der Statt im fall die Statt würcklich müntzen vndt ein Münzstatt haben würdt, verordnete Müntz vndt wechsel herren zuuorderst anbiethen vndt gegen billige bezahlung einliffern mit ernster betrohung, wan einer oder mehr dergl. golt vndt silber, wenig oder viel entweder durch sich selbsten oder Jemandt anderst in seinem nahmen vff gemeines gewinn, denen zuwider in der Stadt frembden oder Inheimischen, ia auch dem Müntz-Meister selbsten im fall wie oben gemelt die Stadt selbsten müntzen liesse vndt in dem Müntz-

wessen begriffen wehre verkauffen oder vndtren schein wechssels
oder einigem andern praetext verhandlen würde, dass allssdan
der oder derselbe, wie auch in sonderheit die Vnderhandler, die
sich darzu würden gebrauchen oder bestellen vndt betretten lassen, mit ieder Zeit so hoher geldtbuess, alss hoch alss verbot-
tener weiss abolienirt oder verhandlet Goldt vndt silber belaufft
oder da Sie dass nicht vermögen, Thurm vndt Leibstraff, auch
Verlust Ihrer beywohnung, ohnnachlässig sollen ahngesehen be-
legt vndt bestrafft werden.

23. Es sollen Sich die Juden vff die Christliche Sonn, vndt
feyertage in Ihrer Gassen behalten, es wehre dan, dass einer
nöthig zuuereist oder sonsten von vornehmen Standts Personen
erfordert würde oder sonsten ander ohn umbgangliche nott vorhanden wehre vndt zu Ihrer leibsnahrung etwas einzuholen hetten, Insonderheit aber Ihre Todten begangnus vndt begrabnus
belangendt soll Ihnen vff Son- vndt feyertag (iedoch aussgeschieden der vier hohen fest, alss Christ, New Jahrs, Oster vndt
Pfingstags Ihre Todten in Sommerszeithen vmb vier vndt Win-
terszeithen vmb drey Vhren nachmittag zu begraben, zugelassen; zu gemeinen Wercktägen aber zu Ihrer selbsten guter gelegenheit) doch ausserhalb Sterbensleufften darin Sie gemeiner
Statt Verordnung erwarten sollen gestellt sein.

24. Es sollen sich die Juden dess ohnbescheidenen ahnlauf-
fens der frembden vndt Inheimischen, vmb Wechsel vndt andern Handtierung sich enthalten, sondern biss Sie beruffen werden erwartten; darbey aber auch aller Steigerung der Müntz
sich gentzlich mässigen; Jedoch wan von iemandten der Wechs-
sel, ahn Sie gesonnen werde, sollen Sie vor Ihre mühe ein leidt-
liche vndt pillich mässige ergetzlichkeit ahnzunehmen macht
haben.

25. Es sollen sich die Juden in offentlichen gemeinen Plät-
zen, alss vor der Müntz vndt auff dem Marck vnder den Christen dess vnnöthigen Vmbschweiffens vndt Spatzierengehens
enthalten, insonderheit soll Ihnen ernstlich gebotten seyn, dass
Spielen mit den Christen gentzlich zu meiden, bey straff so er
im Spielen befunden vndt erkundigt werde zwanzig Gulden.

26. Sollen die Juden vndt Judin dess morgens nicht zeitli-
cher, dann wan die gewöhnliche Thorglocken geleuthet, auss
Ihrer gassen gehen, handlen vndt wandtlen, auch dess Abends

da man abermahls gemelte Thorglocken geleuthet, sich nach
dem Geleuth, lenger nicht in der Statt auff den Gassen finden
lassen, bey straff eines gulden, iedoch reissende Personen vndt
Leibsnoth hicuon aussgeschieden, inmassen Ihnen dan auch
durch etliche gewiesse Judin, auch vor vndt nach bestimpter
Zeit die milch zu vnderhaltung der Kinder vndt sonsten abzuholen soll ohnbenommen sein. Damit aber die Judinen bey be-
meltem Ihrem aussgehen, wie auch die Juden insgemein solcher
Verordnung halber vndt da Sie etwan vor vndt nach obgesetzter
Zeit, ausserhalb Ihrer gassen betreten würdten, nit gefährt seyn,
soll keinen Burger vff den fall vbertrettens, erlaubt seyn einige
Thättlichkeit wider die Juden vorzunehmen, sonder so einiger
Ihnen desswegen etwas wiederichs zufügen solte, solches der
Obrigkeith angezeigt vndt von denselben gebührendte Bestraf-
fung vorgenommen werden soll.

27. Es sollen die Juden Sie seyen wie sie wollen, so Sie
etwass ererben vndt abführen, gleich den Burgern dauor, die
gebührendte Nachstewer vndt Abzüge erstatten vndt erlegen,
vndt sollen die Vorsteher der Judenschafft ernstlich auffsicht
haben, dass Sie keinem Inheimischen oder frembden Juden auss
der Statt, wass folgen lassen, es sey dan der Stattverordnete
Schatzungs Meister der Abzug oder Nachsteuer allss nemblich
der zehende Pfennig zuuor entrichtet, mit der Verwahrung, wan
iemandt diessem zuwider, wissenter Dinge etwass würde, auss
der Judengasse ohnuernachstewert gefolgt werden, dass allssdan Sie die Vorsteher, desswegen Redt vndt Andwortt zu geben vndt den Abgang zu erstatten schuldig sein sollen.

28. Da auch ein oder der andere Judt, ein absonderliches
special Kayss. Indultum seines handels erlangt vndt vor sich
hette, soll selbigem kayss. rescripto mit diesser Ordnung nichts
derogirt vndt selbiger Person, damit nichts abgestrickt oder benohmen seyn.

Wan wir dan nach reiffer der sachen erwegung dise hievor-
stehende Ordtnung nit für vnbillich befunden, als ist Vnser redt-
licher Willen vnd maynung, dass es bey bemelter dieser Ordtnung verbleibe vndt derselben von allen theilen steiff vndt vest
nachgelebt werde. Doch behalten wir Vnss beuor, solche ordtnung nach gestalt vndt gelegenheit künfftiger Zeitten vndt leuff-
ten auch begebenden Vmbstenden nach zu andern zu mündern

oder zu mehren, vndt wollen, dass dieselbe länger nicht alss bis zu Aussführung der strittigen Leibeigenschafft vndt anderer anhengiger Puncten in ihrer Crafft vndt würckhung verpleiben Inmittels aber vnnss vndt dem beilligen Reich, an Vnsere wie auch dess Bischofen vndt Capituls dessgleichen der Camerer zu Dalberg vndt der Statt Wormbs habenden Gerechtigkeitten, freyheitten, begnadungen vndt privilegien Item der Juden selbst angezogenen rechten vndt altem herbringen auf den Jenigen so von Vnss oder vnsern Vorfahren mit absonderlichen freyheitten begnadigt vndt sonsten meniglich ahn seinen Rechten nichts praeiudicierlich oder nachtheilig seyn sollte, Wir setzen vndt ordnen auch mehrgedachten' Vnsern lieben Neuen den Churfürsten zu Maintz hiemit, dass S. L. an vnserer Statt in werendem solcher Zeitt ab dieser vorbeschriebenen interims ordtnung festiglich halten vndt dargegen nichts verhengen oder gestatten auch darbey ain oder andere abgehörte Puncten oder sonsten Irrung vndt differentien vorfallen würdten, der beschwerte theil, solches bey ietzgemeltes Churfürstl. L. oder Dero Nachkhommen gebührendt anzubringen vndt Deroselben Entschieds sich gehorsambist zu vnderwerffen schuldig vnd gehalten sein solle, alles bey vermeidung vnserer kayl. vngnad vndt straff vndt darzu einer Poen nemblich 40 Markh lötiges golds halb in vnser kay. Camer vnd den andern halben theil den Jenigen so hier wider beschwerd würde vnnachleslich zu bezahlen verfallen sein solle.

Mit Vrkundt diss Briefs besigelt mit vnserem anhangenden Insigel der geben ist zu Wien den 28. Novembris 1641*).

Ferdinandt

Vt. Ferdinandt Graf Kurtz

Ad mand. etc.

Johan Söldner.

---

*) Diese Stetigkeit wurde von sämmtlichen nachfolgenden deutschen Kaisern bestätigt. Von Kaiser Josef II. mit dem Beisatze:

„Ausser den selbst gewählten Rabbinen und den selbtgewählten Vorstehern hat niemand den Wormsern zu befehlen und sie mit keinem Bann belegen."

Beilage XXVI.

Lunae 4. Decembris 1662.

Jüdenschafft zu Wormbs, sind Anssheln Judt zum Jungen Riessen vndt Abraham Judt zur Kaudten sub pso 2. Octob. nuperi comparendo ad mandatum dé 23. Martij so ihnen den 28. May darauff öffentlich verkundt worden, deducunt wie das ihnen vnmöglich falle, bey ihrer eussterster ruin diesse forderung zu praestiren auch von Ihrer k. M. Vorfahren Sie iedesmahls auf beschehene demonstration deren entlassen worden; bitten diessen nach Sy von dem mandata zu absoluiren vnd die ertheilte priuilegia vndt ordtnungen vorhin gebettener massen zu confirmiren.

In eadem Stätt Burgermeister vndt Rath der Statt Wormbss in litteris ad Imperatorem de dato 23. Augusti et pso 2. octobris nuperi alligant diuersas rationes, warumb die Judenschafft zu solchen praestationen ihres orths nicht gehalten werden können vnd bitten Sy die Statt bey der kayl begnädigung vnd donation zu schützen, auch durch den Kayl. fiscal darwid. nicht beeinträchtigen, sondern ihre leibsangehörige Judenschafft, von desselben anklag in puncto der Cronsteuer vnd des Opferpfennigs ledig zu lassen. Apponunt Kayl. Caroli IV in ao 1348 vnd 49 ertheilte donatioues die Juden betr.

Werden die Supplicanten zur löbl. Kays. Hoff Cammer Vorwissen, da sie Sich vhngehindert ihres, wie auch der Statt Vnerheblichen excipirens, mit deroselben wegen berührten opfferpfennigs vnd Cronsteuer abfinden sollen vnd man sie folgends, dass solches geschehen, bey Reichs hoffrath glaublich beybringen soll wegen gesagter confirmation weiterer bescheidt ergehen et de hoc moneatur die löbl. kays. Hoffcammer werde hierinen der sachen ferner recht zu thuen wissen.

Frantz Martin Menshengen.

Beilage XXVII.

Vergleich zwischen der Judenschaft in Worms vndt dem Magistrat daselbst in pto diversorum gravaminum. 7. Juni 1699.

Kundt vndt zu wissen Seye hiermit Jedermaniglich, wem es zu wissen Vonnöthen: Nachdem zwischen Einem WohlEdlen vndt hochweissen Rath, dieser des heyligen Reichs freyen Statt

Wormbs vnd Dero unter Ihrer Jurisdiction vndt Bodmässigkeit
stehenden Judenschafft so wohl wegen der in entstandenen letz-
teren Krieg beschehenen Einquartierung Vermeintlicher Vber-
mas, vnd dahero noch restirenden Geldtbeytrages, als auch Dero
leibeigenschafft, welche von dem allerdurchleuchtigsten Römischen Kaysser Carolo Quarto *) in Ao 1348 der Statt allergene-
digst ertheilet, Nachgehends aber vor Deine im Glohrwürdigsten
Regiment folgenden Kaysern derenthalben verschiedener Re-
scripta vndt Mandata ertheilt worden, ein Kostspültiger Process
der sachen Ende machen sollen, derselbe sich auch am Kays-
serlichen Reichshoffrath ohnlengst hinwieder angefangen gehabt,
ermelte Judenschafft gleichwohlen bey gegenwerttiger wieder
Erbawung der Statt Wormbs vndt mithin der ganz ruinirten Judengasse, ihre Ruhe gesuchet vndt durch dero Vorsteher Nah-
mens Dauid zur Pulverflasche, Löw zum halben Mandl, Isaac
zum grünen Huth vndt Aaron zur Gülden Ganns, obgedachte
zweyer Puncten halben die Weitlauffigkeit eines Processus ab-
zuschneiden nit allein zu tractiren sondern auch umb Modera-
tion des Hausszinses Bey vorhabendem Wiedcranbaw der Heusser in besagter Judengassen vndt ander von löblicher Rechenstuben Jährlich fordernden Gelder, unterthenige Ansuchung thun
lassen, Alss ist nach verschiedenen diessfalls gehaltenen Vnter-
redungen vndt bedacht, die Sache in der güte Zwischen vns
dem Rath von vnns vndt Vnsern Nachkommen am Regiment vndt
ermelten Judenschafft dahin verglichen werden, wie folget:

Nemblichen er erlässt Ein WohlEdler vndt Hochweisser Rath
des heyl. Reiches freyen Statt Wormbs die gesamte Judenschafft
dererwegen des Krieges Einquartirung vndt an sie habender
forderungen Sie mögen auch Nahmen haben wie Sie wollen dahingegen was die gemeinde Judenschafft etwa an gemeiner Statt
zu fordern haben möchte, soll ebenfalls ab vndt todt seyn.

Zweytens erlässt auch minder nicht Ein Wohledler Magistrat von sich vndt Ihre Nachkommen Bestendiglich die gemeine
Judenschafft allhier, gegen dero hierunter ermelte Erbietung
vndt Declaration der an Sie geforderten Leibeigenschafft
also vndt dergestalten dass dieselbe ins künfftig an Sie ferner

---

*) In der Urkunde selbst heisst es Carolo Quinto, welches jedoch
wohl als Schreibfehler zu betrachten ist.

nicht gesucht, sondern zu ewigen Zeiten so lange Sie dass un-
ten determinirte vndt Verglichene Quantum gedachtem Einen
WohlEdlen Rath dieser Stadt reichen vndt unter gesetzte Con-
ditiones erfüllen werden, aufgehoben vndt abgethan seyn
solle vndt diesses sowohl in genere als auch in specie oder
Individuo, Niemand davon ausgeschlossen dass von nun an vndt
künfftig weder die gesamte Judenschafft als Corpus noch die
Individua oder ein Jeder derselbigen sich in denen von Ihren
übergehenen Suppliquen Schrifften vndt Memorialen nicht mehr
wie vormahlen Leibesangehörige sondern allein underthänig Gehorsambste Juden oder Schuzverwandten oder auch Hindersas-
sen, welches alles einigerley sein soll schreiben vndt benennen
dürffen vermögen.

Drittens vndt damit Sie Juden bey Ihren desto schleuniger
auf Ihren Kosten gehenden Anbau derer Heusser einige Ergöz-
lichkeit geniessen möchten, So verspricht Ein Wohl Edler Rath
vndt dessen Nachkommen in Krafft dieses, dass Sie nicht allein
zehen Jahr à dato dess Risswükischen friedenschlusses von gewöhnlichem Hausszins frey sein, sondern auch nach verfliessung
solcher zehen Jahr, die helfft der alten hiebevorigen vndt noch
kurz vor dem Brandt gewöhnlichen Hausszinsen erlassen, welches dann also zu ewigen Zeiten gehalten werden solle vndt nur
allein den halben hausszinss zur löblichen Rechen Stuben lieffern auch übrigens gleich denen Burgern der Schazung vndt
andern freyheit, fals dergleichen Ihnen solten gegeben werden
in bemelten Zehen Jahren geniessen sollen.

Inngleichen vndt zum Vierdten verspricht nit weniger auch
wohlermelter Ein WohlEdler Rath dass Ihnen Juden, die zur
Löbl. Rechenstuben Jahrlich zu lieffern habenden schuldigen
oder auch andere Extraordinary angelegte Gelder alle vndt iede,
wie sie solche vor dem Brandt auff die Rechen Stuben gelief-
fert nach proportion der anwachsenden Zahl sollen moderirt
werden, dahingegen declarirt vndt verbindet die gesambte Judenschafft vor sich vndt Ihren Nachkommen vndt in dero Nahmen die Jetztmahligen vndt obgemelten Vorsteher, dass Sie ietzt
vndt künfftighin Einem WohlEdlen Rath diesser Stadt vndt dessen Nachkommen am Regiment Vor Ihre ordentliche obrigkeit,
wie schuldig erkennen, Ihro treue Huldt Gehorsamb vndt ge-
werttig seyn vndt bleiben vndt bey diessen Ihrer Obrigkeit von

Kayssern zu Kayssern sich auff dass kräfftigste manutieren vndt
beschirmen lassen, Sie auch niemahlen einen andern, als gedachten Eines Wohledlen Rathes Jurisdiction vndt Obrigkeit
unterwerffig machen wollen. Hierdurch aber Einen zeitlichen
Bischoff vndt dem Hochstifft zu Wormbs, wie auch denen frey-
herrn von Dahlberg an Ihrer hergebracht Recht vndt Gerechtigkeit zumahlen, nichts benommen sondern Solche in alle Weege
ohngekränkt seyn vndt verbleiben solle.

Vnd versprechen demnach Sie Juden vor diesse respective
Nachlassung der Kriegsanlaggelder vndt Cassirung der vormahls
geforderten Leibeigenschafft sogleich bey Siegelung dieses Ver-
gleiches fünff hundert Gulden, welche bezahlt zu seyn hiemit bekanndt wird, Vnd dann nach beschehener Confirmation
von Ihro kaysserl. Mayestät vndt dero Reichshoffrath oder da
solche nicht sobaldt erfolgen würde a dato dieses Vergleichs
Innerhalb Sechs Monat abermahl fünff hundert Gulden wie
auch dass darauf folgende oder zweyte Jahr wieder hundert
Gulden zu reichen vndt alle Jahr vndt iedes Jahr Besonders
auf Pfingsten Sechzig Gulden zur Erkändtlichkeit ohnwei-
gerlich zubezahlen vndt damit auf Pfingsten Nächstkünfftigen
Siebzehnhundertsten Jahres den Anfang zu machen vndt also
damit künfftig alle Jahr vndt stetshin zu Continuiren, alsso vndt
dergestalten, wann Sie die Judenschafft oder dero Vorsteher
vndt Nachkommen in Jährlicher entrichtung diesser Sechzig
Gulden säumig seyn, vndt die Zahlung nicht erfolgen würde,
sollen Sie zu Ende des Jahres dreymal in denen Nechstfolgen-
den dreyen Monathen zur Zahlung erinnert werden vndt So Sye
alssdan in Zeith solcher drey Monathen diesse Sechzig Gulden nicht abtragen würden, so solle diesser Vergleich nicht
mehr gelten, sondern eo ipso wieder aufgehoben vndt alles in
vorigen Standt wieder gefallen seyn, es were dann (welches
doch Gott in gnaden abwenden wolle) desswegen feindtlicher
Landverderblicher Invasionen, Sterbensfälle, Brandt, oder andere Casuum fortuitorum Sie Judenschafft von Hauss vndt Hoff
weichen müssen oder ganz ruinirt werden vndt wie Ein wohledler Magistrat vndt gemeine Statt diesen Vergleich vndt darin
geschehener Remission steth, fest vndt mit verzinsung, allen
Insulten vndt denen Communen oder Republiquen zukommenden
Guttachten oder Rechten vnuerbrüchlich zu halten, hiermit ver-

sprechen; Allsso sollen vndt wollen gegen denselben oder gemeiner Statt gleichmassen Sie Juden keiner denen corporibus vndt particulus Persohnen zu statten kommende Beneficia noch Wolthaten der Rechten, oder auch einige von Kaysserl. Mayest. ausbringenden Moratoria, Rescripten, Mandata, gnaden vndt freyheiten wie die immer nahmen haben mögten nicht schüzen noch schirmen, sondern sie renuncyren denen allen wohlbedächtlich vndt wollen Vielmehr disen Vergleich mit allen seinen Puncten, Clausuln Bey Ihrer Khaysserl. Mayest. Confirmiren vndt bestetigen lassen.

Zu wahrer Vrkhundt vndt festhaltung dessen allen so hierinnen geschrieben steht, seindt dieses Vergleich zwey gleichlautende Exemplaria auf Pergament aussgefertigt von beiden Theilen unterschrieben, gewährlich besiegelt vndt Kaysserl. Mayest. zur allergndgsten Confirmation praesentirt worden, So geschehen Wormbs den Siebenten Juny des Sechzchnbundert Neun vndt Neunzigsten Jahres*)

(Siegel)	Stätt Burgermeister vndt Rath des heyl Reichs freyen Statt Wormbs
(Juden Insiegel)	Juden

Beilage XXVIII.

Ich Salomon Edler Herr v. Piazzoni, des heyl Röm Reiches Ritter, der Rom. kay. May. hoff Cammer Rath vndt General hoff zahlmaister, bekenne hiermit, dass ich von der gemeinen Judenschafft zu Wormbs, an denen an statt denen von Ao 1686 exclusive bis 1713 incl. auf 27 Jahr jährlich pr 50 fl., rückständige 1350 rh. Cronsteyer vndt Opferpfenig über daran in gnaden nachgesehenen 300 fl., die annoch betragenden Ain tausend fünffzig Gulden Rhein. (1050 in das mir anuertrewethe Kays.

---

*) Später bestätigt von Leopold, Wien 20. January 1701
            „   Wien 19. April 1707
      Josef I   „   26. Oct. 1719
   Carl VII bestätigt Frankf. 5. Juny 1742
   Franz I   „   Wien 19. Apr. 1746
   Josef II   „   „   10. Marz 1766.

7*

General hoffzahlamt baar vndt Richtig empfangen habe, Vrkund
dessen meine Hand unterschrifft vndt ambtsstetigung

Wien d. letzten 7bris 714.

fl. 1050 rh. Sal. freih. v. Piazzoni
(L. S.) Josh. Lud. Böckh
Controler

Beilage XXIX.

Conföderation der Juden, August 1603 zu Frankfurt a. M.

Hoerdt Jetzunder gesindt Jacob vndt der samen von Issraell,
Einst soll aussgehen ein Breutigam auss seinem gemach, vndt
ein Brautt auss Ihrem Brauthauss, zu höeren vndt mitt zu bewilligen vndt zu beschliessen, zu Abthuen vndt vffzuhebben vom
wegh die straucheln unsers volcks villeicht wirdt Gott unss er-
hören, vndt wirdt vergeben seinem Volckh, die da seindt ver-
spreitt vndt verstrewett In dissem bitterlichen vertruebniss, von
wegen unser sinden, auch unser vorkhomende Elter haben unss
erzelt viell verwüstungen vor vndt nach durch ursachen viell
bruchtniss des Volcks Jetzunder In diesse zeit in viellerlei gestaldt vndt form, Vndt derhalben haben sich die Vornembste
Judden versamblet, die Heuptt obersten von der Gemein, die
Ehinwohner von Issraell, hie In der Vornembste Stadt Frankfordt, durch ufferlegungh der Höher Rabiner In Teuschlandt,
dass wir sollen zu hoeren vndt nachforschen, in Notturfft der
Gemein, vndt sich freuhlich vndt scheidtlich der Religion dem
entgegen zu stehen vndt zu wehren, wo möeglich, damit dass
das Volckh nitt gehet alss ein Schaff so Kein Hirdten hatt. Nun
willen wir Anfangen vndt dass unsser Vatter im himmell sein
göttlich willen zu unss stelle, Amen.

1. Ahm ersten, Wass belangtt, dass Richtlich Wessen, Wass
einer mit dem Andern zu thuen haben. Unsere Vorkhomende
gesagt, vff dreierlei stehet die Weldt, vff dass Gerichtt man
rechtt Richtt, vndt vff die Vorheit vndt vff den Frieden. — Vndt
von wegen unser sünden, werden dieser Zeit gestunden viell
leutt, sprechendt vndt sagendt, Wer will über unss Richtten,
vndt so einer mitt seinem gesellen Etwass aussstehen hatt, so
widdert er sich vndt spreist sich mit seinem gesellen für das
Judden Recht zukhomen. Zu dem siehtt der dass er sein Widderpartt dahin Zwinge mit eusserlichem Rechtt, dass sein wie-

derpartt müste mit Ihme stehen, für sein nehiste, wo er ess
zum Allerliebsten hatt, Dadurch khombt dass Gottes Nahm ge-
schwecht wirdt, dass Rechtt nitt ordentlich ahn Tagh khombtt,
vndt dadurch erfolgtt, dass die Herligkeitt Gott der hoher Herlichkeitt, vndt die Richter, da mir In Ihrem schutz vndt schirm
ernehren vndt vffhalten haben, In dieser unser grosse Verdrub-
niss, die Machtten unss entgegen werden, da Gott vor sey, derhalben haben mir sich einhelligh bewilligtt vndt entschlossen,
dass ein Jeglicher, der da Zwingt seinen Gesellen mitt eusserlichem Rechtten, dass er müsste mit Ihme stehn zu Rechtt, wo
erss hinbegerth, vndt vor wem er Kleger will, wie obengemelt,
obschoin sache wehre, dass derselbsten sein Vrtheil gewunne,
vndt sein wieder Parth ein Quitungh gebe, soll man solche Quitungh vor nichtt gelden vndt ahn werde geacht vndt gehalten
werden, Vndt zudem soll derselb abgesöndert vndt abgescheiden sein, von der ganze Gemeiner Judenschafft, soll vor die
funf bucher Moyses nicht berueffen werden, Auch soll Keiner
seine Kinder zu Ihme zuuerheurathen machtt haben, biss derselbig seine Zwangh von eusserlichem Rechtt von seinem Gesellen Abwendet, vff seyn eygen kösten vndt schaden. Vndt
werss auch were, dass über solchs, Alss einer zu Ihme verheurath, soll man denselben in solcher massen haltten, alss wie der
Brecher selbst, vndt wen der bezwungh zum eusserlichen Rechtt-
ten wurdt darauff ausslegen, von Ihme den Zwangh abzulegen,
vndt zu wegen Pringen, sein Geselle muss mitt Ihme für dass
Judisch Rechtt, soll derselbigh schuldigh sein, Ihme sein Ausser-
lacht geldt widder zu erstatten, Aber deweil nun wissentlich,
dass ettliche dieser Zeit höffertige, höchmutige leuth nitt gehorsamb, verlassen sich vff Ihr gutt vndt reichthumb, vndt Zu-
brechen vndt verderben schier den gantzen Jüdischen Standt In
Teutschland, wen nitt Gott der mitt unss In unser hilff wehre
gewessen, Vndt suechen eusserlichen Rechtten, hetten gern den
gantzen standt underzureissen, So die Zeitt mache mitt Gotts
hilff khomen, mir eins Könndten oder möchten thuen, Wollen
mir gerichtlich mitt Ihn reden nach Rechtt vndt gesetz unser
Thora, Vndt wollen sich nicht über Ihn erbarmen, oder In ver-
schöenen. fürwahr von Itzunder ahn vndt ferner, so widder einer
gefunden wurdt mit muthwille thet vndt gehen wurdt mit muth-
willigkeit seines Herzenss dass böesse, soll sein Rechtt schon

sein ausgesprochen, Dass man Ihme das Rechtt von einer Ver-
rehter abnthuen soll, vndt soll sein abgessondert von der Gemein Judenschafft, wie oben gemelt, Vndt zu sterckungh vndt
mehrer festungh unser Ordtnungh, haben mir verordnierdt ein
Benediction, darüber In Allen Synagogen in Teutschlandt, vndt
Alle sambtagh Zu sagen. So aber einer übertredt über obbe-
ruertte Ordtnungh, vndt der wehre ein Gelehrter, ein Rabbi, Ist
er nummen werdt, dass er ein Rabbi genandt werden solle, diweil er ein Rabbi ist, vndt helt die Ordtnungh nitt, So verlestert
er Gottes Nahmen offentlich, Vn welcher In fernerst Rabbi er-
nent, soll in unser Straff stehen. Vndt wen der Rabbi ein oberster Rabbi In einem Landt oder Versamblungh ist, soll Derselbigh sein Rabbi standt entsetzt sein, sein Rabbiner standt zu
entsetzen, wie solcher herlichkeit, die einen zum Todt fuert,
vndt soll ewigh verdambtt sein. Vndt diweil mir nhue finden
vndt sehen, dass etliche gewältig begeren zu handtlen, Ihn nitt
mechtig gnugh sein, fur dass Rechtt zu Pringen, noch Jüdischer
Religion geschieht manchem dadurch zu Kurtz, Haben mir verordtnet Fünf Gerichts Stedt In gantz Teutschlandt Franckfurdt,
Wormbs, Friedtburgh, Fuldt, Kinsburgh In solcher gestaldt, so
ein gerichts Stadt von obengen. fünf finden, etliche unehrlich
vnredtliche leuthe, Vndt derselb Oberst Rabbiner Kundt sie nitt
zwinghen zum Rechtten, vndt ein anderst Ober Rabbiner von
dennen die machtt hetten, Sie zum Rechtten zu Zwingen, Ist
derselb Rabbiner schuldigh, Ihn zu zwingen mit gantzer macht,
Doch dass solches in Gottesförcht geschieht, ess meint nitt von
wegen einer feinntschafft, oder sonst wegen, vndt der Rabbiner
soll sein machtt erstrecken, Alss wenn Alle funff Gericht dar
Inne consentirt hetten.

2. Zum Andern haben wir gross nothwendigh gesehen, Alle
sachen gleich zu machen, belangen dass Anlagh, dass Alle Jüd-
den in Teutschlandt gesessen Keiner leddigh zu sein, damitt
alle einhelligh sein, vndt alss wass der gemeinen Judenschafft
zu gueten Khomen, vndt gereichen magh, vndt dass die fromme
sich nitt vergreiffen, einem Vnrecht thuen mechten, haben sie
vff sich angenohmen, dass ein Jeglicher Kraisch zu machen ein
Anschlagh, vndt dass gutt schutze wie nachfolgtt, Dass Jegliche
Versamblungh oder Landtschafft, da Judden gesessen ein Auss
schuisch machen sollen, vndt dieselbige mitt gantzer gründtlicher

warheitt, gottesforchtt, warhafttige leuth Keinem Partheisch sein,
Dieselbe sollen einem Jeden Juden in derselben gesamblungh
oder Landtgesessen sein gutt ahnlegen vndt schuetzen, sonder
alle sines vndt gedenken, Vndt wen sie dan Ihme ein Anlagh
wollen machen, soll der Aussschuisch ein höch Eidt thuen, Dass
sie Keinem sein anlagh machen wollen noch von freundtschafft
noch von feinndtschafft, Sonder Alle finantz, oder gleich Alss
möglich damitt Keinem Unrecht geschieht, Vndt wen sie dan
den Anlagh gemacht haben, sollen sie die helft abschlagen, vndt
von Vbriger helft soll Jeglicher sein gepuehrende theill geben,
wie nachfolgtt. Vndt so etliche gefunden wurden, die eintzige
sie sessen weit von gemeiner Judenschafft, sollen Dieselbighe
schuldigh sein zu khomen ahn dasselb ortt, Da sie in dem Rabbiner standt underworffen, vndt daselbst soll man Ihn Ihr Ahn-
lagh machen, wie oben vermeldt, Vndt daselbst hin Ihr gepuerendt theill geben, vndt der Aussschoiss die Ahnligger, soll die
Anlagh Jeder geheimb halten-so viel alss möglich. Vndt ist der
beschluiss Plieben, dass Itlicher nach seinem Anlagh, Jeden
Monat ein Pfenningh von Jeder hundert gulden geben, vndt so-
lichs soll anfangen ungefehrlich In November Anno 1603. Vndt
Itlichs ordt naeh gelegen bei Frankfordt, soll Ihr gepuerendt
theill nach Frankfordt liebern, vndt die nach bei Wormbs gesessen, sollen Ihr gepücrend Theill gehn Wormbs liebern, Vndt
die Nahe gesessen bei Meintz sollen Ihr gepuerend theill gehn
Meintz liebern, vndt die nahe gesessen bei Bingh sollen Ihr gepuerendt theill nach Bingh liebern, vndt die nahe bei Ham gesessen, sollen Ihr gepuerendt theill zum Ham lieberen, Vndt die
nahe gesessen beim friedtburgh sollen Ihr gepuerendt theill gehn
friedtburgh liebern, Vndt die In Franken wohnen, sollen Ihr
gepuerendt theill gehn Schneidigh schicken, umb Breiss gesessen, vndt darumb her, sollen Ihr gepuerendt theill gehn Wal-
derssc schicken, Schwaben vndt sein Zubehoer, sollen Ihr gepuerendt theill gehn Gunsspergh liebern, umb der Willen wan
dass geldt alss dem Aussschuiss, vndt die Vorzenger die über
die gemeindt erwählt, zugeschieckt werden, damitten der Gemeinen Judenschafft ein forfallende sachen etwan den sollici-
tanten, vndt Gott der allmechtigh sein segen vndt hilff gibtt,
man Ausserköerdt fromm leuth wissen zu handtlen zu wandeln
bei fürsten vndt hern der Gemein Judenschafft vorzugehen, zu

stehen In fürstfälliger solicituren, mitt dess Allmechtigen Gottes hilff, vndt die dass Gemein gelt in die handt bekhomen, sollen dass gelt Alles In ein Kist zu thuen schuldigh, vndt ein Jedtlicher von derselben ein besonder Schlüssel datzu haben, Soll Keiner nichts aussgeben, sonder gewissen seines Gesellen, sonder sollen einss vndt friedlich sein, Wirdt'Gott der Allmechtige sein Segen vndt glueck schickhen, Im Pfall so aber etliche wehren, ess sein einer oder mehr, die Ihr Aufflagh gepuerende theill nitt geben woltten, oder theten, soll schuldigh sein der Oberst Rabbiner vndt vorgenger desselbigen Landts gesessen denselben Abzusondern Gemeine Judenschafft nicht sich zu Ihme zu verheurathen (sein fleisch, er schneidt, nitt zu essen, vndt gar kein gemeinschafft mit Ihme zuhalten) Vndt mehr sollen die Oberste vndt Vorgenger schuldigh sein, denselbigen oder dieselbige zu offenbaren, vndt Ihr nhame Zu schicken ahn andere Ortten sie Anzuschlagen, In allen Synagogen, einem Andern zum Exempel, auch Kein Versamblungh oder Kraisch, wo die Juden gesessen Ihr gepuerendt theill durffen einhalten, von wegen eines Zanck oder einforderungh sie vermeinen ein Gemein Judenschafft zu haben, ess sei Im theill, oder gantz, sonder dass obgesagte Ahnlag Ihr gepuehrendt theill zu einem Ander gelegt werde, In die Gemeint Komme, So einer oder mehr ein Ahnsprach ahn die Gemeinde hett, soll ess aussgerichtt werden durch die Oberste Rabbiner.

3. Zum Dritten kombt unss Wissentlich fur, dass etliche Juden hin vndt widder auff Dörffer wohnen, dass sie dass Viehe schneiden, vndt darein greiffen zu besehen, ob es ahngewachssen ist, vndt nitt wissen mitt allen Puncten, wie dem Zuthuen der Juden Religion nach, auch wie der Juden Religion vermagh, Darff Keiner Kein viehe schneiden, oder darein greiffen zubesehen, ob ess ahngewachssen ist, es sei den er sei gequalificirt dartzu von einem Obersten Rabiner, Aber diweil nun unss vor-, kombtt, dass viell seindt, die nitt gequalificirt dartzu seindt, vndt schneiden, demnach derhalben sein wir Zufrieden worden, vndt beschloiss gemacht, dass ein Jeglich Oberst Rabiner einen umb soll schicken, zu besehen, dass Iglicher qualifirirt ist, vndt Rechtt zugehett.

4. Zum Vierdten, ess sagtt der Prophet, Wehe zu deme, die Sündt ziehen mitt einem falschen seill, denn die Sündt ist

gegleichtt zu einem Seill, dass man machtt, den zum ersten ist
genohmen ein fahdem, aber darnach oftt vndt viell feden zusamen kohmen vndt grosser, wirdt ess ein dieck Seill darauss,
alsso ist auch die Sündt, zum ersten hebtt man mit einem kleinen
ahn, vndt darnach oftt thuet, vndt Kombt Einss von dem Andern, biss dass sie diek vndt gross werden, Derhalben haben
sich unsere Vorkhomen vndt Eltern gar höhe bemühet, von wegen dess Wein, dass mitt sollchem ist vergleichen, wie oben
vermeldt vndt wie nachfolgtt, Zum ersten Kauffen etliche Juden
den Wein, ein Fass voll von einem Kauffherrn, Nehmen nitt
Achtt, ob der Wein jüdischer ordtnungh nach gemachtt, folgtt
darnach, dass ein Ander bedencktt, Ist Ja ein Wein wie der
Ander, holt ein Wein mit der mass Im Wirdtshauss, damit sie
missfelligh ahn ein solches werden, Zuletzt folgt daruon, dass
er im Wirdtshauss vndt in die gelacher sitztt, sauft sich voll,
kombt viel boess vndt ungemach daruon, Wan schoin widder
die Religion ist, hürerei, sonst ander viel boess vndt widder-
werttigkeitt zu allen sünden, verhuert schier die ganze Religion,
fellt nitt viell dass er gantz Gott läster wirdt, dass sich derhalben Vnser Vorkhommen vndt Eltern gar höhe vndt sehr be-
mühett, solches abzustellen, Derhalben haben wir Itzunder hernach gesuchtt, gefunden vndt gesehen, dass Werdigh vndt schuldigh ist, vff ein Jeglicher Rabiner sich zu versehen, In dem
Kraiss, wo sein Rabiner standt erreichet vndt erstrecket, die
sachen abzustellen, vndt die sache dahin zu richten, ess nimmer
geschehe, dweill ess ein sündt, ein Eckstein darahn die, sich
die gantze verdruebniss Gemeiner Judenschaftt darahn stoissen
moichtt, Vndt hoben gemachtt, dass von Itzo ahn, hin ferner
einer gefunden werden möechtt, vff ihn gewissentlich dargethan
wurdt, er Wein getrunken hatt In Wirtsheussern, oder sonst
in gelächer, haben Wir beschlossen gentzlich, dass sich Kein
Judt zu demselbigen nitt geben, oder verheurathen soll, auch
demselbigen kein nacht herbergh zu geben, Will verschweigen,
dass derselbigh für die fünf bücher Moyses nitt soll beruffen
werden, oder zu Jüdischer Gemeindt gebraucht werden, ferner
haben wir sich beschlössen vndt endlich beschliessen, dass ein
Jeglicher Judt, der Wondt vndt gesessen ahn Ortheren, wo
Wein wächst, dass er sein Wein, den er trincktt, nach Jüdischer Ordthnung machtt, auch den Wein, den er machtt, einem

Andern verkaufft, den Juden vor trinkwein auch machen soll,
nach Jüdischer Ordthnung, auch nitt legenden Wein der Jüdischer Ordthnung nachgemacht ist, In ein Keller bei Ander Wein,
damitt er sich nitt vergreiffen soll. Auch soll Kein Judt dem
Andern Wein verkauffen, ess sei den er hab zwei Zeugen, der
Wein Jüdischer Ordtnungh nach gemacht sei, Welcher solche
unssere Ordtnungh ubertreet, vndt nitt nachsetzt, soll In unser
straff stehen wie obermeldt. Zudem solte der Rabiner über
demselbigen Kraiss oder standt Rabiner ist, mitt seinem besitzer
schuldigh sein Zumehren, zu besegen, zu erhalten solches vndt
zu straffen die nitthülter, nach den ortt vndt nach der Zeitt,
vndt wass sie da Innen machen vndt straffen, soll alsso gehalten werden, alss wen mir alle bei Einander gewessen weren,
vndt einss gemachtt, oder In gestrafft hetten, vndt alle darahn
Consentirt hetten. Wen nhun derselbigh der Vbertreter ein
Rabbi wehre, da lestert derselb Gott, Dweil er ein Rabi ist,
vndt halt ess nitt, Ist derhalben nitt Wirdigh, dass er Rabbi
soldt genendt werden, vndt welcher Ihnen weiter Rabbi nendt,
soll gestrafft werden der Zeit nach, Willen verschwiegen, dass
er nitt soll beruffen werden, vor die fünf bücher Moyses, Wollen noch mehr verschweigen, wer derselbigh Vbertreter ein Rabiner wehre im gantzen standt oder Kraiss dass derselbe Rabiner seines gantzen Rabinerstands entsetzt soll sein vnd die
vorgenger vnd Juden desselben Stadt oder Craiss den schuldigh
Ihme zu entsetzen seines Rabiner standt, Auch haben wir ein
Benediction verordtnet, vff solche alle Sambstag zu sagen In
alle Synagogen In allen Versamblungh inn Teutschlandt.

5. Zum fünften haben mir gesehen, wass nothwendigh, da
viell boess vor kombt, vndt haben gemachtt, dass man keinen
zum hohen Rabiner vndt Superintendent machen soll, ess sei
dan, er sei erkendt von drei Judenschafft Superintendent, ein
Universiteten uffhalt, Solches ist gemachtt worden, durch unsser
vorkommende, vndt mir Itzunder willen ernewert haben, damitt
dass gesetz erhalten wirdt, vndt zu dem haben wir gemachtt,
So einer zu einem schlechttent Rabi gemachtt wirdt, vndt solches geschehe durch einen Rabiner dess Teutschland gesessen,
soll solcher für kein Rabiner genandt werden, Zu dem soll man
keinen Studenten, der sich verheirath ahn ein ordt, da nitt ein
Universitet ist, Zu keinem Rabi machen, ess sei dan zwei Jahre

nach seiner hochzeitt damitt man sieht vndt erkennen kan sein
Ahnlassen vndt Wohlthaten.

6. Zum Sechsten, Weil wissentlich ist, dass viell beschwer-
nüss vndt ordthnung widder unss uffgerichtt werden, ahn ettliche ordten die ursach von etlichen boissen Judten, die der
Warheitt vndt dem Rechten nitt nachsetzen, handtlen mitt ver-
pottenen Müntzen, vndt geldt, ein theill gantz falsch, ein theill
geben sie die Müntzen hoher auss, alss sie gesetzt sein, Ver-
blehden damitt die Einnehmer, vndt ahn stadt alss der Prophet
sagtt, dass Ubrich Volk von Issraell soll kein unrecht thuen,
werdt gesagtt, Wo ist nun der Gott von dem Volckh, Kombt
von dem boessen falschen handeln heer, Haben wir beschlois-
sen, dass von heutt dato vndt ferner, so einer erfunden wurdt,
der mitt solchen sachen umbgiengh, Will verschweigen, die
schulden mahnen durch Brieff, oder Sachen nitt just wehren,
dass sie sollen in Straiff der Absonderheit, vndt abgescheiden
von der gantzen Gemeindt sein, Wie oft vermeldt, Vndt solches
soll man ahn allen ortteren vndt Landt verkhündigen, vndt zu
wissen gethan werden.

7. Zum Siebenten. Ess sagtt Königh Salomon, Der da
theildt mitt einem Dieb, der hat sein eigen Leib feiandt, Weil
unss nhun vorkomptt, auch haben mir mitt augesehen, dass
durch unsere Sünden, viel beschwernus vndt ahnfechtungh mir
haben, Gott sei ess gelobtt, der unss nitt verlest, Solches Kombt
unss her durch boesse Judden, die geltgeizigh sein, handelen
mitt offentlichen sachen, Derhalben haben mir sich gentzlich be-
schloissen vndt eigentlich, dass von Itzunder vndt ferner, so
einer befunden würdt, vndt ahn tagh kemmt, gewissentlichen,
dass einer wehre mitt offentlichen Dieb handelt, Abkaufft, oder
geldt auff etwass lehnet, Willen verschweigen, so ess sachen
weren, die unss von kay. Mayt. verpotten sein, nitt mitt Zuhan-
deln, Dass derselbe solle abgesondert vndt abgescheiden sein
von Gemeine Judenschafft, wie oben oft vermeldt, dadurch soll
Gottes Namen geheiligett werden.

8. Zum Achten, Durch viell gross geschrey, viell Leuthen
(uber boesse leuth, mihr Gott erbarm) under unss haben, dieselbe Kauffen oder entliehnen uff Borgh vndt betzalen nichtt,
Komptt dadurch viell feiandtschafft, vndt Kriegh dem Gemeinen
Volckh erwecket, dass schier der unschuldigh, dess schuldighen

entgelten müst, Hieneben dem gross unrechtt vndt Gott gebroch, einer einem dass sein abliehet vndt abborget vndt nitt bezaldt, Haben mir von Itzunder ahn gemachtt vndt gebotten, vff ein Jeglichen der Borgtt oder entliehnet geldt oder gelts werdt, vndt die Leuth nitt zu betzalen begert oder will Der soll abgesondert oder Abgeschieden sein von der Gemein Judenschafft, wie oft gethaen vndt oben vermeldt, Soll auch verpotten sein, einem Jeglichen Juden, demselbigen nichts abzukauffen, oder mitt demselben gar Keine geselschafft zuhalten, Vndt ferner, so solcher Bankrötter In hafft queme, von wegen seines Aussborgenss vndt schuldenss, soll Jeglichem Juden verbotten sein, nitt umb demselbigen zu gehen oder zustehen, sei mit wordten oder geldt, damitt dass nitt Andere Juden entgelten müsten oder Ihrer boesser Wercken.

9. Zum Neundten, wir Itzt benendte Pitten underthbienigklichen Oberster oder Rabiner vorgenger, er sei hie oder nitt hier, Sich zuentschliessen vndt bewilligen, Zu solchen Pillichen sachen vndt ordtnungen, vndt sich beneben unss underzeichnen, Vndt ob wehr einer, oder der sich widderspreisset, solche Ordtnungh zu halten, oder einzugehen, Ein theill oder gantz, Haben mir sich beschlossen, dass man sich nichtt Zum selbigen verheirathen, vndt ob einer sich zu Ihme verheirathet, soll derselbigh in straff stehen, Kein weitter ubertretter, selber soll er gerechnet sein, wie die sich von der Gemeindt absondern, der Kein theill mit Ihn hatt In Gottes ehren vndt die andern gantz Issraell sollen entliedigt sein von der sündt, vndt sollen gebenedeiet werden von dem lebendigen Gott.

10. Zum Zehendten, belangen der Milch, dass unser vorkommende Rabiner gemacht haben, Ess soldt kein Judt Milch essen, ess sei dan er bei den Melcken, aber Jetzunder Gott erbarme ess, findten wie solchem nitt nachgesetzt wirdt, Derhalben haben wir verordtnet, vndt darauff beschlossen, Dass ein Jeglicher Judt solchem nitt nachsetzt, ess die Milch die er oder ein Ander nitt bei dem melcken gewessen, soll man sein Brodt vor Brodt von einem Kusen halten, auch sein Wein nitt vor gutt halten, soll Kein Judt sein geschier brauchen, alss unser vorkommende gemacht haben, Von welchen eins von Ihme gewar wirdt, soll er schuldigh sein anzuzeigen dem Rabiner dass er gestrafft werde, vndt wir haben eine Benediction darauff ge-

machtt, In allen Synagogis in Teutschlandt, dass alle Sambstagh
zu sagen, vndt so derselbigh, der die Milch esse, wie obenges.
ein Rabi wehre, soll er nimmer Rabi genendt werden, Willen
verschweigen, so derselbigh ein Rabiner über ein gantz Standt
oder Kraiss wehre, soll er seines Rabiner Standts entsetzt werden, vndt die Vorgenger vndt gantz Gemein Juden im selbigen
standt oder Kraiss gesessen, sollen schuldigh sein, In zu entsetzen seines Rabiner standts, Noch mehr gemachtt zu abzu-
straffen ein boses von wegen unsers Volks, der man findt wieder Kein allein in heusser oder wegh, Zu besorgen, möchtten
geschendt werden Ihrer Ehr, hatt dan Jeglicher Rabiner In seinem Kraiss, da er hin promouiret Ist, dass Volck zu Warnen,
auch von den gemeinen Brodt, dass nitt becker Brodt Ist.

11. **Zum Eilften.** Dweil wir finden vndt sehen, etliche von
sich abreissen das Joch, vndt Kleiden sich in Kleider, man sie
nitt vor Juden kennen soll, wie wol das gesetz sagett, Ich will
Euch abscheiden von den Völckhern, dass meint, man soll sich
Kleiden, nitt höffertig, nitt wie ein Edelman, den mir sollen de-
mutigh sein, vndt sollen sich vor Juden zu erkennen geben,
Vndt zu dem Alle gehen etliche, kleiden sich vndt ihre Kinder,
Döchter, alss sie grosse herren weren, Derhalben haben mir gesagtt vndt vfferlegtt, Ein Jeglicher Landtschafft vndt ordten, Juden gesessen, dass die vorgenger von denselbigen Juden, mitt
sambt Ihrem Rabiner, Richter vndt obersten in dreissig Taghen
von dato, so solches gewar worden, die sachen verrichten solches abzustellen, ferner belangendt Wullen vndt Leinen unss
verbotten ist zu einander zu brauchen, auch die wuellenen Kleider nitt mitt leinen faden zunehen, sonderlich mitt hanbf, auch
belangendt dass Wucher in unsserem gesetz verbotten ist, Im
solches alles ein einsehens zu haben, wie oben vermeldt.

12. **Zum Zwolfften,** Soll Kein Judt Wonhaftigh In dieser
orts Lender machtt haben, ein Neue erdicht buch In den Druck
zu Pringen, ess sei den übersehen vndt erlaubnuss haben von
drei Rabiner von den obgemelten Gerichts Stedt, So aber solches geschehe, soll Kein Judt machtt haben, ein Buch von denselben gedruckten Buchern zu kauffen, bei straffpfandt.

13. **Zum Dreizehendten,** So von alten Zeiten, so ein Versamblungh oder Kraiss ein obersten Rabiner gehatt, haben sie
zu regnieren, vndt alle Zeit etliche gewist, Welcher In sein

Rabiner standt gehoerdt, So willen wir hiemitt Jeglichem verbinden, vfferlegtt haben, Keiner dem Andern ein Ingriff zu thuen,
In die Versamblungh oder Kraiss, wer nitt dahin promouirt Ist,
vndt so etlich wehren, vff Ihre Rabiner oder Richter nitt geben
wollten; ess were von wegen, wollten Keinem Rabiner gehorsamb leisten, oder wolten sich schlechtt einem Andern, Ihnen
woll gefiell underwerffen, vndt von seinen gesellen des Landts
oder Kraiss absondern, vndt von Ihrem vorgesetzten Rabiner
entziehen, soll der Rabiner, der denselbigen annimbt, vndt derselb, abgesondert sein von der gantzen Gemeinen Judenschafft,
mit allen sachen, so laugh er den Vorgenger vndt Gemein desselben Kraiss ein Willen machtt, So einer abgesondert ahn einem
ordt wirdt, von wegen der gebrochenheitt ahn unser obgk. Ordtnungh, sollen alle Juden in Teutschlandt denselbigen In solcher
Absonderungh halten biss er die Willigungh macht, demselbigen Ihnen abgesondert haben vndt auch ob sache were man
einen gestrafft hette von wegen vnser obged. Ordtnungh, Dieselbe Ortt, er schoin weitt von unss gelegen, so nehmen mir
hiemitt auff unss vndt unsere Kinder, die Benediction, vndt
nehme Gottes Willen mit unss, dass man ahm ordt, vndt ordt
gewar werde, die straff demselben brecher auffgelacht ist worden, denselbigen Brecher also auch zu halten an allen orthen,
wir sollen sich nichts zu entschuldigen haben.

Alle obgd. Ordtnungh vou Wordt sein verordent worden,
durch die obersten Issraell in Teutschlandt gesessen, In Frankfordt dabei vff sich angenohmen, solche Ordtnungh In allen Synagogen Jüdischen In Teutschlandt, an die Thueren anzuschlagen, auss allen obgd. Ordtnungh vndt redde, haben mir vorbehalten, aussgenohmen Conditionen, gentzlich Kein herschaft mitt
solchem Allem, mit dem wienigsten nitt benohmen sein, ferner
Pitten wir Gott den Allmechtigen im Himmell, soll mitt unss
bewilligen, vndt beschliessen, Amen.

Ferner finden wir vndt sehen, dass viel unglück vndt wider-
werttigkeit kombt, vor dass etliche aussländische Rabiner die
auss dem Römischen Reich gesessen sein, die Ach oder. Bann
schreiben oder gebieten auff Juden im Romischen Reich gesessen, vndt aber wiewol vor langem durch unsere vorkommende
Eltern, Rabiner vest vndt starck gemacht worden, dass dasselbe
Ach oder Bann nitt gelte, vndt für nichts werdigh gerechnett

sçin solle, ess were geschrieben oder gebotten, auff ein eintzigen Man, oder ess were geschrieben oder gebotten auff ein
gantze Gemeinde, solchs gleich woll nichts geldigh sein, von
wegen viellerlei Ursachen. — Demnach vndt gleich woll willen
mir Itzunder sollches ernewert haben, Nehmen vff unss vndt
unsser Kinder, dass wass Ach oder Bann von frembden Rabiner, auss Teutschlandt gesessen sein dass dasselbigh Ach oder
Bann nichts gelde oder nicht werdigh gerechnet sein soll, Ess
sei ess were gethan worden, vff ein eintzigen Man, oder vff ein
gantze gemeinde, soll auch Kein Rechtt daruber gefolgtt werden.
In Zusammenkumbt die Gesandten von Issraell In Teutschland gesessen, die Vornembster hie In der hochloblicher vornembster Stadt Frankfordt, ist aussgangen von der Gesellschafft
- vndt Gesandten unsers Volcks Issraell, die vornembste, dass
man abm anfangh sollen lassen ein orth zu dem Königreich auss
Jeglicher herrschafft Gott erhöhe Ihre herlichkeitt, dass dieselbe sollen grossen vndt herschen uber Ihre Knechtt, vndt uber
die, under Ihren Schutz wohnen, nach Ihrem willen vndt wolgefallen, vndt dass Rechtt von den Königen vndt herschaften ist
rechtt, Vndt der gewaldt ist In Ihrer handt nach Ihrem willen
vndt wolgefallen, Aber ferner, Dweil dass wir Juden ein vertrieben Volck, ein langhwillig schwere vertreibnuss, verschmähtt,
verstossen, verachtt, In Augen dess gemeinen Volckh, derhalben
haben mir sich verbunden, mitt einem stercken verbindtnuss,
dem nach zu khommen vndt nach zusetzen, In betrachttungh mir
die Richtter vndt herligkeit nitt zu bemuhen In Rechts sachen,
einer mitt dem andern hatt, vndt dass mir dadurch noch mehr
verschmechtt werden, wie gewönlich gebrauch under unss
Juden Ist, Gott erbarm ess, dass wen zween Juden vor dem
Richter stehen, dass sich verachtten vndt schmehen, vndt einer
wilt gern den andern vertilgen, Derhalben mir versamblete Gesellen, dem vorzukhomen, seint mir auffgestannen, vndt mir solches verendern vndt vorkhommen willen, vndt nemmen zu unss
Gottes willen zu underhalten die Richtter von unsern volck mit
ernst. Wass itzunder hie verordtnet ist worden, von wegen
dess anlagh halber, dass man soll uffhebben von den, die da
hie sein, oder nitt hie sein, etlich gelt soll zu steur, vndt etlich
in die Gemein khommen, der Gemein zu nutz vndt zu gutem,
Jahrlich soll Jeglicher von sein Jüdisch Aidt schuldigh sein,

sein gepuerendt theill, Ihme ufferlacht wirdt, von stundahn zu erlegen, Zu der zeitt mir ernennen werden, So aber ein Standt oder ein Landt, In den da Inen gesessen einer oder der ander nitt gehorsamb sein würde, sein gepuerend theill zu erlegen, Nehmen mir hie mitt uff vnss, die Benediction, In denselbigen zu erclieren vndt auss zu rutten In allen Synagogis, also weit alss Teutschlandt, obschön derselber Rabiner, uber denselbigen Kraiss promouirt ist, nitt dar In Consentirt hatt, soll er gleichwoll aussgerutten In den Synagogis, In den Wordten, Sie zu zwingen, Sie Ihr gepuerendt theill geben, Vndt in solcher gestaldt soll man sie aussrutten, N. N. soln abgesondert vndt abgeschneidet sein von der gemeinden, Sie sollen nitt vermischt oder verheirath werden mitt unss, sollen sie auch Keiner zu Einander geben, vndt so sie einer zueinander gebe, ess sei, er hetts gern gethan, oder man hett In dartzu gezwungen, soll dasselb kein Ehestandt sein, vndt so einer Kinder mitt einer hatt In solchem Ehestandt, magh man woll Ihre Kinder, hoeren Kinder heischen, soll auch zu Keiner Gemeiner Judenschafft gerechnet werden, vndt In Ihrem absterben, sollen sie nitt vor Juden begraben werden, vndt Ihre Kinder sollen Ihnen nitt nach Pitten Vndt ob einer so halssstarrigh wehre, vndt suchtt ausserlich Rechtt, ausserthalb Juden Rechtt, oder dass vor gewiss wurde, dass in einem Landt oder Kraiss, wo Juden gesessen sein werden, dass die Vorgenger vndt Richtter desselbigen orts gesessen, sie nitt zwingen köndten zum Juden Rechtten, oder wenn schoin sagen, wir wollen Juden Rechtt, aber die gegenpartt Kein, vndt darff nitt seinem widderparth vorkhommen, von wegen er sich fürchtten muss, mitt seinem Widderparth vor Rechtt zu khommen', So haben mir uff unss genohmen die Benediction, uf, unss vndt nnsser nachkommende, bei Bann vndt bei Eidt, ohne alle uffzugh, vndt ohne alle entschuldigungh, dieselbige ausszuruffen, In allen Synagogis, Vndt die ein wienigh fern von demselbigen ortt ist, die sollen anfangen, vndt die Andern sollen gleich nachfolgen, vndt auch alss thuen damitt dieselbige leuthe zum Rechtten zwingett, vndt dartzu haltendt, er nitt seinem Widderpartt für unparteisch Rechtt kombtt, ahn ein orth, von die Universitet alss Frankfordt, Wormbss, Friedtburgh, Fuldt, wo der Beclagter hin will, ahn gemeltte ortt, Vndt so sache were, er harttneckigh were, uff solches Alles nitt ge-

ben, vndt Pleibet in absonderungh Dreissig tagh von dato ahn,
er gewar wirdt, dass er In absonderungh, so soll er In der
straff pleiben vndt nitt darauss gethan werden, biss er geht
straff gibtt, halb der herschaftt, halb In der Armen Casten, vndt
ob noch alss harttneckigh were, uff solches alles nitt zu geben,
So nehmen wir hiemitt die Benediction uff unss vndt unssere
nachkommende, dass mir dahin willen handeln, mitt dem herschaftt zu wegh Pringen, Sie In dahin zwinget, er dass Rechtt
muss sein, vndt derselbigh muss alsso Unkosten bezaln, vndt
von Itzunder ahn, Nehmen wir alle staudt, wie mir¯versamblet
sein, die Benediction uff unss, vndt unsere Nachkhomen, ohn
alle Finantz, wie ess Gott der Allmechtig maindt, wie ess dass
Gerichtt alsamen meinen, solches auszurueffen, vndt ein Benediction darauff machen, zu lesen In allen Synagogis alle Sambstagh. *)

---

*) Ein Theil dieser Schrift erschien in der „Monatsschrift für Ge-
schichte und Wissenschaft des Judenthums" von Dr. Z. Frankel. Herr
Rabbiner D. Oppenheim bemerkte hierauf in der „A. Ztg. d. J." 1862,
S. 194, dass „Walch" (s. oben S. 4) Welscher, Italiener bedeute, welches als Schimpfwort galt, wie aus den RGA von Jacob Weil Nr. 147
zu entnehmen ist.

Druck von Grass, Barth und Comp. (W. Friedrich) In Breslau.